Ponga a prueba su C. E.
(coeficiente emocional)

Thierry M. Carabin

PONGA A PRUEBA SU C. E.
(COEFICIENTE EMOCIONAL)

dve
PUBLISHING

Traducción de I. Sampere.

© Editorial De Vecchi, S. A. 2019
© [2019] Confidential Concepts International Ltd., Ireland
Subsidiary company of Confidential Concepts Inc, USA
ISBN: 978-1-64461-407-5

Índice

Introducción

¿Test o juego?

«¿Habíais notado que tengo pulsiones homicidas?». La pregunta cayó, simple, directa, seca como un golpe de garrote o, mejor aún, como una cuchilla. Desconcertados, unos y otros se turbaron.

¿Había inventado Arturo un nuevo juego? ¿Había querido imponer silencio para ofrecer una de esas agudezas de las que sólo él parecía tener el secreto? ¿Hablaba en serio y su pregunta presagiaba el anuncio de un drama? ¿Íbamos a ser nosotros los testigos o las víctimas? Si explico esta escena hoy, es debido a que la sangre no corrió aquella noche. ¡Pero ninguno de los participantes la ha olvidado!

Arturo nos explicó la emisión radiofónica, el presentador talentoso, el artista invitado en plena «visita casera», las comparsas a cada cual más alegre. Nos comentó la pregunta que había oído. «Está usted en una isla. ¿Qué ve? Si no ve nada, pulse la tecla 1. Si ve un navío, pulse la tecla 2». Nos dijo que apretó el 1. Su bola de cristal estaba rota ese día y por eso no «veía» nada. ¡Arturo nos contó también que, unas ocho preguntas más tarde, se sentía decir que tenía pulsiones homicidas! Así lo testimoniaban sus respuestas a las preguntas.

Ya puestos en confidencias, Arturo nos explicó aún que la pregunta del barco había suscitado algunos interrogantes y comentarios, aunque también las demás. Un docto y bravo: «Se trata de la cuestión de la botella medio vacía o medio llena» propició la palabrería. Escogiendo la tecla 1, Arturo había demostrado, según el inventor del test, un pesimismo latente, cosa que podía —o eso parecía— revelar la existencia de pulsiones agresivas, a cada cual más lúgubre que la anterior.

La conversación que siguió fue particularmente animada. Juan fue el primero en indicarnos que la presencia de agradables isleñas le habrían hecho despreciar el barco. Javier pensaba que, en su caso, un periodo sabático habría sido bienvenido, y que se habría guardado bien de interesarse por los barcos por lo menos durante seis meses. ¡Bernardo puso en duda la interpretación de la respuesta, y precisó que aquel que tiene visiones cuando el tiempo está tranquilo se inclinaría más fácilmente a ceder ante pulsiones homicidas durante un gran vendaval! Con su pragmatismo habitual, Beatriz subrayó que, gracias a internet, vivir en una isla ya no representaba un problema. Los hermosos y sombríos ojos de Elvira se animaron para dibujar el ambiente de un puerto, tal y como la aficionó a hacer el gran novelista de Liège Georges Simenon.

Explicarle toda la conversación me llevaría tranquilamente unas diez páginas. La emisión radiofónica logró pues su objetivo: suministrar un tema de conversación permitiendo a cada uno hacer uso de su creatividad, agudezas y otras jovialidades. Si Arturo no hubiese estado solo con su aparato de radio, muy probablemente se hubiera reído de lo que no era más que un juego, y que no tenía más razón de ser que conceder alguna vía de escape. Él y su banda de amigos jaraneros habrían pues, virtualmente y a distancia, tomado el pelo tanto al presentador desgreñado como a su *árbitro* sentencioso. En todo juego, es necesario un *juez* para enunciar las reglas. Y para que el *juego de roles* funcione, es necesario que cada uno se sumerja plenamente en su personaje.

La reflexión estaba hecha, Arturo así convino. Era un juego. Calificar este amable pasatiempo de test es realmente abusivo, pero es una manera de definir rápidamente el tipo de juego al que el oyente es invitado. Y encontrar pulsiones homicidas en diez *preguntas barco* no puede engañar verdaderamente más que a aquellos que no reflexionan más allá de la punta de sus narices. Por otro lado, nadie ha definido aún el concepto *pulsión homicida* y, si la pregunta hubiese sido planteada seriamente, la respuesta habría sido prudente. Porque el foso es grande, entre el antojo de matar que proviene de un problema psiquiátrico y la pulsión excepcional que se siente en un contexto también excepcional. ¿No sería inhumano no sentir esa pulsión en presencia de un drama, en el que la víctima martirizada fuese un pariente o incluso un desconocido? ¿Quién no tendría, pues, ganas de acabar con la masacre? En un contexto así, ¿quién se pararía a reflexionar largamente antes de poner en peligro la vida, o siquiera la salud, del agresor desencadenado?

Dejemos aquí este ejemplo. Tenía el mérito de abrir un debate y de incitar a la reflexión. Es una deriva común la que consiste en utilizar un término genérico, en vez de usar la palabra adecuada. Esto revela pereza, y engendra el quid pro quo. Tomemos el ejemplo de ese buen esposo andaluz al que su mujer le ha pedido que le trajera pasteles. El hombre ha pasado por la pastelería y ha comprado uno bien grande. Al volver a casa ha recibido una regañina porque la señora quería pequeños canapés para acompañar el champán en el aperitivo. Ella podría haber querido galletitas para el café, un bizcocho para el té, pero sin embargo sólo ha pedido pasteles. El empobrecimiento del lenguaje no es nuestro tema principal aquí pero hay que comprender que tiene mucho que ver. En vez de anunciar un test, habría sido mejor presentar un juego o un juego-test.

La prensa tiene como función informar. Ofreciendo páginas de juego al lector, este puede distraerse y, a menudo, realizar una reflexión útil. Interrogarnos sobre cuál podría ser nuestro comportamiento en tal circunstancia, reaccionar sobre tal acontecimiento social... todo esto se ha hecho posible por esos enfoques lúdicos de los que sólo los mejores periódicos tienen el secreto. Tomar conciencia, a través del juego, del aspecto particularmente mezquino de algunas de nuestras actitudes puede hacerle bien a cualquiera, que tenga la preocupación por vivir lo más en armonía posible con el prójimo. Los periodistas también han recurrido al juego-test y a las anécdotas para hacernos palpar los nuevos hábitos de consumo, por ejemplo. Le dan un servicio al lector, haciéndole notar aquello que las relaciones no dan y que los buenos amigos no tienen tiempo de hacer aflorar.

Con los mini-test que publican, los periódicos informan también a los lectores, les muestran en qué consiste el test y, sobre todo, recuerdan todo aquello que este tipo de herramientas aporta. Cuando un periódico muestra la foto de un nuevo coche, todos sabemos que la vista ofrecida corresponde al ángulo escogido por el fotógrafo. ¡Ocurre exactamente lo mismo en los vastos dominios de la psicología!

Un verdadero test

Este libro presenta un verdadero test: ciento treinta preguntas tanto para la versión femenina como para la masculina. Hay preguntas que a primera vista se parecen mucho entre ellas porque giran alrededor del mismo tema, pero los enfoques son diferentes y los matices son tantos y tan diversos que el mismo término resulta inapropiado. Alguna que otra vez, tendrá que escoger rápidamente entre dos opciones. Más allá, será invitado a concentrarse profundamente. Serán necesarias una o dos relecturas antes de que la verdadera elección designe su respuesta entre cinco o seis proposiciones. Lo que tiene entre las manos es un verdadero test, rigurosamente semejante al que podría utilizar un profesional a propósito de una consulta, una contratación o un informe. En los test de conducta, las preguntas que se encabalgan son muy útiles porque desarman a los tramposos. A los que buscan la buena respuesta y no aquella que refleja mejor su verdadera naturaleza se les llama *pequeños malvados*.

9

La longitud del test es una necesidad. Garantiza su fiabilidad y su precisión. Redúzcalo a diez preguntas y tendrá entre las manos un enredo o, mejor aún, una muestra susceptible de revelar una tendencia bruta. Se puede comparar con un termómetro. ¿De qué le serviría a su médico si no hiciese la distinción entre 36,3 °C y 37,7 °C? Un test debe ser discriminador, sin esa condición resultaría totalmente inútil. De alguna forma sería como fabricar un metro con material elástico y no con metal. La obtención de indicadores fiables, parecidos a los que le son dados en este libro, precisa de baterías de preguntas bien estudiadas, que permitan un barrido eficaz de las diversas facetas de un comportamiento. Esas preguntas no son imaginadas al azar. En realidad, llevan al sujeto a situarse sobre una posible reacción yendo del pesimismo al optimismo, por ejemplo.

El test de inteligencia emocional no es un test de ejecución. Es un test de comportamiento. Hay una ponderación de las preguntas por tipo o naturaleza, una ponderación de las respuestas a las preguntas, así como una ponderación de los temas abordados. En este tipo de test, el tiempo no es tomado en consideración. El psicólogo que administra el test no lo cronometra. Evidentemente hay un límite superior, más allá del cual muchas preguntas serán realizadas para conocer la capacidad de lectura y de comprensión del sujeto, su indecisión enfermiza u otra confusión. En un test de ejecución, otra forma de ponderación natural reside en la dificultad creciente de los ejercicios propuestos. Son muy raros los sujetos que completan las respuestas a todas las preguntas de los llamados *test de dominó*, o de matrices, en el tiempo asignado.

En fin, un test de comportamiento no merecería ese nombre si las respuestas consideradas señalaran al sujeto evidencias. Sería el caso si las preguntas fuesen exageradas, o simplemente exentas de matices. Este también sería el caso si la formulación de las preguntas designase implícitamente una respuesta determinada.

Los verdaderos test son realmente útiles. Porque son el resultado de análisis precisos, son una muestra de la alta tecnología. Porque son el producto del ser humano, son perfectibles.

La inteligencia es casi inútil a quien no posee nada más.
ALEXIS CARREL,
El hombre, ese desconocido,
Plon

Sobre todo, no despreciéis la sazón:
del sabio equilibrio de las especias depende que la sopa sea suculenta
o incomestible, que la vida sea buena en el vivir o insípida en el morir.
La inteligencia y la sensibilidad son la sal de la tierra.
El diablo come sin sal.
ROBERT ESCARPIT,
Carta abierta a Dios,
Albin Michel

El público es de una tolerancia magnífica;
lo perdona todo, excepto el talento.
OSCAR WILDE,
Aphorismes,
Éditions Mille et une Nuits, París, 1995

La inteligencia

«La inteligencia es comprender»

Esta sentencia lapidaria es la definición más corta jamás hallada. El *Diccionario de la lengua española* (Real Academia Española) la define como «capacidad de entender o comprender», «capacidad de resolver problemas», «acto de entender», lo cual multiplica los usos que se le pueden dar a este término tan rico. ¡Sin embargo, infatigablemente, todos nosotros somos llevados a la comprensión de un fenómeno, a la comprensión de un modus operandi e incluso a la comprensión del ser humano!

Un hombre apenas ha dicho más de tres palabras a lo largo de una velada, aunque la conversación era bastante animada. Después de su partida, la observación ha surgido espontáneamente y su inteligencia ha sido alabada. Sus palabras habían sido escasas pero constituían una excelente síntesis del problema debatido durante más de una hora. Los participantes estaban aliviados. A fuerza de dar vueltas sobre el mismo tema en un círculo vicioso, que rápidamente se convierte en espiral infernal, el grupo habría acabado por romperse por culpa de palabras amargas y de una constatación brutal: «Esto no marcha bien».

Una mujer acaba de ser llamada a dirigir un importante laboratorio de investigación. La dirección de recursos humanos no vaciló y, por otra parte, ella no tuvo elección. Esta mujer discreta, que huía del alboroto y de los puestos de honor demasiado aduladores, estaba muy buscada. Desde antes de esta promoción, era a ella a quien los investigadores se dirigían cuando un problema les parecía imposible de solucionar. En ella encontraban la calma, escuchaban las preguntas adecuadas y el camino de salida se dibujaba ante sus ojos. Decían de ella: «Con ella, todo resulta simple. Con sus preguntas, nos hace barrer lo accesorio y extraer lo esencial. Ella es verdaderamente inteligente».

Un hombre en el umbral de la muerte ha realizado ya el último viaje. Sus amigos, vecinos y conocidos deploran su desaparición: «Cuando algo nos preocupaba, siempre estaba disponible. Por lo que él llamaba naderías, nos daba un capón pero, justamente, nos hacía ver la realidad de las cosas. Sabía cómo no fijarse en los pequeños detalles que envenenan. ¿Cuántas veces había jugado al "Señor Buenos Servicios"? Sabía muy bien cómo encontrar aquello que interesaba a uno y aquello que motivaba al otro. Creo que realmente amaba a la gente. Él comprendía aquello que nadie veía. Puede que sea eso la inteligencia del corazón».

La inteligencia es una facultad de síntesis, orden y unidad. La inteligencia pasa de la observación de los elementos presentes al análisis de las relaciones existentes entre ellos. Las une y las compara a través del juicio, que es el acto intelectual por excelencia[1]. Estos juicios múltiples son encadenados por el razonamiento. Es, pues, simple. Y la ciencia no es nada mas que ese uso de la inteligencia hacia la unidad simple, estable e inteligible. A lo largo de la vida, calificamos espontáneamente de inteligente a la persona que disecciona un problema y nos lo hace ver desde una nueva perspectiva.

«Tener mucha cabeza»

Conocemos la locución. Se encuentra entre el lote de innumerables expresiones que nos permiten no utilizar la palabra *inteligente*. Preferimos decir «él comprende rápido» antes que «él es inteligente». Esto forma parte de los tabúes. ¡La razón es quizá, muy simplemente, que, en el espíritu de nuestra sociedad, afirmar que alguien es inteligente sería inferir automáticamente que los demás no lo son! Esta conclusión es falsa.

Lo sabemos. Cuando adulamos al ganador de la Vuelta Ciclista a España, no significa que califiquemos a los usuarios de bicicletas de incapaces. Cuando imprimimos en el periódico la fotografía del ganador del último campeonato nacional de crucigramas, no deducimos que los lectores no se merecen sus pasatiempos diarios. Cuando una multitud se reúne en un estadio enorme para aplaudir a un cantante, no se nos ocurrirá afirmar que el resto son no aptos y están imposibilitados para dar relieve a las palabras de una canción. Somos muchos más los usuarios de la bicicleta y nuestras caídas son estadísticamente menos frecuentes. Somos una legión los que nos deleitamos regularmente con los crucigramas a veces oscuros. Somos más numerosos aún los que cantamos y conseguimos así las fiestas más inolvidables.

---

[1] Para Emmanuel Kant, la crítica es el tercer paso de la razón. El lector interesado en seguir su reflexión sobre este tema leerá con interés su obra *Crítica de la razón pura*.

La expresión *tener mucha cabeza* responde a una práctica científica. En efecto, hace dos siglos, un médico de origen alemán, Franz Josef Gall, creó una disciplina nueva: la frenología. Los científicos de aquel tiempo observaron la cavidad craneal de los individuos. En función de las protuberancias, concluían quizás en un don excepcional. La idea de base era simple: un cerebro inteligente es más voluminoso y ocupa más espacio. La expresión ha quedado en el lenguaje, el cual da testimonio quizá del orgullo de los padres. Ellos habrían transmitido genéticamente un don excepcional.

Un francés

Las técnicas de medición de la inteligencia progresaron mucho a principios del siglo pasado gracias a los trabajos del profesor Alfred Binet. Este hombre de Niza quedó sorprendido al encontrar niños particularmente inteligentes en instituciones reservadas a acoger y hacerse cargo de niños débiles. Este fenómeno a priori sorprendente no hizo más que amplificarse después.

La razón de esta disfunción es de las más simples. La escuela que conocemos actualmente es normalizadora. Concebida para individuos medios —estadísticamente los más numerosos—, «rechaza» a todos aquellos que sobresalen, ya sea por uno o por otro extremo de la curva de Gauss. La observación revela que nuestro sistema educativo actual rechaza, de modo igualmente inexorable, también a los niños inteligentes que, hipersensibles, se defienden extremadamente mal.

Humanista preocupado por salvar a los niños, el profesor Alfred Binet buscó la manera de diferenciarlos. Se lanzó a la realización de innumerables y metódicos interrogatorios, todos ellos escrupulosamente grabados. Las preguntas eran simples. Un ejemplo: «Da el cambio de un euro». Todas las respuestas eran concienzudamente consignadas, niño por niño. La fecha de nacimiento del niño se apuntaba en la ficha. ¡Bien secundado por su discípulo, Théodore Simon, el profesor Binet constató pronto que había obtenido, del grupo de niños considerados «normales», resultados análogos a los del grupo de los «débiles», con la única condición de someter su cuestionario elemental a individuos de edades diferentes! Subrayemos de nuevo el carácter de las preguntas, que señalaban todas ellas operaciones básicas que los alumnos conocen y dominan perfectamente desde los primeros tiempos de la escuela primaria. Resultó, pues, que el niño disminuido podía dar las respuestas correctas con algunos años de retraso en relación con el niño normal. Este último es calificado así porque sus resultados están en la media estadística.

El nacimiento del coeficiente de inteligencia

Un criterio esencial fue definido: la edad en la que se puede superar una prueba. El profesor Albred Binet y su colaborador Théodore Simon identificaron también el estadio de desarrollo al que el niño había llegado. Constataron que un niño de seis años reaccionaba del mismo modo que los niños de cuatro años: ese niño tenía un retraso de dos años. Una niña de seis años daba respuestas que, habitualmente, no aparecen en sujetos de menos de nueve años: esa niña tenía un avance de tres años. Se constata pues un retraso de desarrollo en uno y un avance en la otra. Estos trabajos y descubrimientos permitieron diferenciar la *debilidad* del *retraso del desarrollo*, constituyendo esto una suerte para los niños que, antes, eran considerados generalmente como definitivamente irrecuperables para la sociedad.

Nuestro hombre de Niza llamó *edad mental* al estadio de desarrollo alcanzado por el niño. Si retomamos al niño y a la niña del ejemplo del párrafo anterior, constatamos que uno tiene cuatro años de edad mental mientras que la otra tiene nueve. Esta edad puede ser igual a la de la edad civil o no.

En 1912, el investigador William Stern propuso una idea nueva: el coeficiente intelectual. Es el producto de la división de la edad mental entre la edad civil. Si retomamos el caso de la niña, he aquí el resultado: su edad mental (nueve años) dividida por su edad cronológica (seis años) da como resultado 1'5, es decir un *coeficiente intelectual* de 150.

Es fácil comprender que, por definición, la gran mayoría de la población tiene un coeficiente intelectual igual a 100, o muy cercano. En efecto, la base comparativa en sí misma está constituida por el resultado medio, o la puntuación de referencia obtenida por los niños que son, simplemente, de su edad. La repartición de los resultados sigue la famosa curva de Gauss, que tiene forma de campana. Cuanto más nos alejamos de la media, más se reduce el número de participantes. Esto se verifica en todos los casos: tanto hacia arriba (los mejores resultados) como hacia abajo (los peores resultados). Sólo el dos por ciento de la población alcanza o sobrepasa el coeficiente intelectual de 132. ¡Esto demuestra cómo es de excepcional nuestro ejemplo (coeficiente intelectual de 150) del párrafo precedente (menos de un niño de cada cien)!

Comentarios sobre las extrapolaciones inciertas

En septiembre de 1921, Théodore Simon atestiguó científicamente que «la inteligencia natural de las niñas no parece —desde que podemos medirla— haberse revelado inferior a la de los niños». Esta afirmación puede hacer sonreír al lector del tercer milenio. Existen ideas falsas, quizá comúnmente admitidas, que se desarrollan o mueren en función de los ciclos que los historiadores analizan con interés. Los factores culturales, políticos y económicos influyen en nuestro modo de pensar, más exactamente sobre esos a priori que son los más característicos de un periodo determinado.

Hoy en día, es corriente escuchar que tal pueblo es más inteligente que tal otro. Los historiadores demuestran rápidamente la vanidad de tales suposiciones. Presentan la prueba de que el juicio era inverso antes de que ese pueblo aumentase sus intercambios económicos y culturales. Los científicos establecen, ayudándose de mediciones, que los resultados intelectuales de diversos grupos humanos son parecidos. A pesar de todo, ciertas ideas falsas tienen una larga vida.

Insistimos todavía en este punto y con absoluta rotundidad. Ningún estudio científico ha establecido jamás la superioridad intelectual de una raza en relación con cualquier otra.

Los test son como la Fórmula 1. Los resultados que obtienen los coches son comparados sobre el mismo circuito y en el mismo momento. Así pues, las dificultades del recorrido son idénticas para todos. E incluso, las condiciones climáticas son necesariamente también las mismas. En fin, el reglamento impone obligaciones que son aplicables a todos, en lo que concierne a las normas técnicas, posibilidades de avituallamiento o incluso de reparación.

Los test son instrumentos objetivos de medición provenientes de un trámite estrictamente científico. Resulta, porque ha sido constatado sobre un número importante de test, todos ellos organizados en las mismas condiciones (mismas explicaciones, mismos ejemplos, mismo tiempo impartido…), que solamente el dos por ciento de la población fue capaz de conseguir un total de X, y que esa línea fue identificada como aquella de un coeficiente intelectual igual a 132. ¡Esto revela la única y simple constatación estadística!

El coeficiente intelectual de un adulto

Es un poco paradójico hablar del coeficiente intelectual de un adulto si nos atenemos a la noción de relación entre edad mental y edad civil. ¡En nuestra sociedad, no se habla de la edad de una dama y en nuestro caso habría que envejecerla desmesuradamente!

Sería ridículo querer utilizar la noción de edad mental para un adulto. El coeficiente intelectual es, pues, una medida a la imagen del metro o del kilómetro. Sólo los científicos saben aún aquello que determinó la longitud del metro. Nosotros sabemos lo que representa y nuestro ojo está habituado.

Ocurre lo mismo con los test. Sabemos con qué coeficiente intelectual se relacionan los diversos grupos de la sociedad; los psicómetras disponen de informaciones precisas sobre la materia: la famosa curva de Gauss. Pero, por otra parte, no hay un cálculo de coeficiente que un especialista honesto pueda utilizar como un coeficiente intelectual aproximado y presentar cierta diferencia: 124-126, por ejemplo.

Esta última práctica no es general. Lleva al sujeto a hacer preguntas y fuerza al práctico a aumentar el tiempo de consulta. El detalle no es esencial y son numerosos los que prefieren dar un único número, no prestándose a comentarios (125 en el ejemplo superior).

La precocidad

El profesor Alfred Binet midió el avance o el retraso del desarrollo mental de un niño. ¡De hecho, a comienzos del siglo pasado, abogaba por la adaptación de la enseñanza al ritmo real de cada niño! Fue un verdadero precursor. Preocupado por medir el grado de madurez, no hacía distinción entre desarrollo mental e inteligencia. Era perfectamente consciente y no subestimaba el trabajo a realizar para conseguir una definición de inteligencia y la construcción de herramientas de medida fiables, empleadas por una población adulta.

En su obra titulada *Idées modernes sur les enfants*, aparecida en 1909, el profesor Alfred Binet escribió lo siguiente: «Comprensión, invención, dirección y censura, la inteligencia tiene en su interior esas cuatro palabras. Por consiguiente, podemos concluir ya, con todo lo que nos precede, que esas cuatro funciones que son primordiales deberán ser estudiadas por nuestro método (escala métrica)».

Otro francés

El psicólogo francés René Zazzo, que realizó un trabajo considerable ultimando en 1949 una nueva escala métrica de la inteligencia, critica así el método del profesor Alfred Binet: «La precocidad del niño nos permite esperar la potencia intelectual del adulto, así como un retraso grave anuncia una debilidad definitiva. Pero eso no es más que probable. De hecho, observamos evoluciones lentas en niños que resultan ser adultos brillantes y evoluciones rápidas que no mantienen sus promesas. De tal modo, que las nociones de desarrollo mental y de inteligencia deberían ser consideradas por separado»[2].

En efecto, para el profesor Alfred Binet, la inteligencia es global. Es, según él, una adición con un prejuicio de no discernimiento, de la diversidad de las funciones mentales, el conjunto que forma una masa. A esta noción de inteligencia global, el psicólogo americano Spearman opondrá la de inteligencia general.

Inteligencia global o general

El profesor Spearman definió claramente la noción de inteligencia general. Se procede por extracción. La inteligencia es denominada *general* en el sentido de que está solamente definida por aquello que es general o común a la diversidad de las conductas cognitivas. Los especialistas hablan de *factor g*. Un test saturado de factor g es un test que responde a esta noción de inteligencia general. Este tipo de test pide únicamente un razonamiento abstracto.

El investigador Thurstone descompuso el factor g en siete aptitudes: comprensión verbal, facilidad verbal, factor espacial, factor numérico, factor de memoria, factor de razonamiento y por último habilidad perceptiva. Estas siete aptitudes primarias son medidas por los test colectivos generalmente utilizados.

Como dijimos anteriormente, los cuestionarios de Binet y Simon hacían referencia a las adquisiciones escolares. Por otra parte, eran del todo conscientes de que no había que medir la inteligencia separadamente de las circunstancias concretas. El psicólogo de Niza Jean-Charles Terrassier da abundante testimonio en su obra *Les enfants surdoués ou la précocité embarrassante*[3]. Para este reputado especialista, el método del profesor Binet permite llamar la atención sobre el niño que tiene buenos resultados en los test y notas escolares flojas, incluso muy mediocres. La constatación de esta diferencia debe concluir en un estudio en profundidad de las causas no intelectuales del fracaso escolar. La inteligencia general tal como la definió el profesor Spearman es, ciertamente, la más cercana a aquello que esbozó el filósofo francés Henri Bergson cuando indicó: «La inteligencia se caracteriza por el poder de descomponer, no importa qué ley, y de recomponer, no importa qué sistema».

---

[2] El lector interesado encontrará fascinante la lectura de las obras de M. René Zazzo. (Citamos de memoria: *Nouvelle échelle métrique de l'intelligence*, en colaboración con Gilly y Verba, Armand Colin).
[3] Publicada en el Fondo Social Europeo.

Test más empleados

En algunos países, como Estados Unidos, los test que más frecuentemente se dan a los niños son cuatro: el Stanford-Binet, el Terman-Merrill, la escala de inteligencia de Wechsler para niños (WISC) y la escala de Wechsler para el periodo preescolar o primaria (WPPSI). La última revisión del Binet-Simon realizada por René Zazzo en 1966, denominada recientemente *escala métrica de la inteligencia* (NEMI), es también empleada muy a menudo. Otros test, en cambio, están reservados para los adultos.

Todos esos test están constituidos por un gran número de pruebas diversas que llaman al razonamiento, a la capacidad de observación y de atención, a la memoria, a la organización espacial y gráfica y a la comprensión verbal y social. Estos test tienen como objetivo evaluar la inteligencia necesaria para triunfar en el aprendizaje de las artes y las técnicas. Su validez es satisfactoria, y ha sido probada muchas veces en las últimas décadas.

La aportación de Thorndike

El profesor Thorndike fue el primero en desarrollar claramente la idea de que la medida de la inteligencia consiste, esencialmente, en una evaluación cuantitativa y cualitativa de operaciones mentales, en función de su número y de la perfección o de la rapidez con la cual son ejecutadas.

Thorndike sugiere dividir la inteligencia en:

a) inteligencia abstracta o verbal, caracterizada por la facilidad de utilizar símbolos;

b) inteligencia práctica, que implica la aptitud de manipular eficazmente los objetos;

c) inteligencia social, que comporta la facilidad de entenderse (¿vivir en inteligencia?) con los seres humanos.

Refiriéndose a los trabajos del profesor Thorndike, el investigador David Wechsler ofrece la siguiente definición de inteligencia: «La inteligencia es la capacidad global o compleja de un individuo de actuar con un objetivo determinado, de pensar de un modo racional y de tener relaciones útiles con su medio. Es global porque caracteriza el comportamiento del individuo en su conjunto. Es compleja porque está formada de elementos o aptitudes que, sin ser enteramente independientes, son cualitativamente diferenciables».

La aplicación de Wechsler

La aplicación de esta definición en el test de Wechsler se presenta como un cóctel compuesto de once enfoques diferentes:

a) **test de información**
Su objetivo es evaluar la extensión de los conocimientos de un sujeto. Este método se utiliza desde hace bastante tiempo en psiquiatría —únicamente como realización individual— para evaluar el nivel de inteligencia de los enfermos.

b) **test de comprensión general**
Este es un acercamiento a la inteligencia social de la persona. Un ejemplo de pregunta es: «¿Qué haría usted si se encontrara con una carta cerrada que también llevara el matasellos y la dirección?». Este tipo de test da un aporte más rico a nivel individual porque, de ese modo, el sujeto responde sin disponer de una elección de soluciones previamente definidas. ¿Y quién podría negar que el sujeto que hace remarcar inmediatamente que dos acciones, según él ideales tanto en un caso como en el otro, son posibles dependiendo de si el sello lleva o no matasellos, prueba una eficiencia remarcable?

c) **test de razonamiento aritmético**
Estos test son muy conocidos. Algunos los enarbolan queriendo demostrar a cualquier precio que los test favorecen a los matemáticos. Esto es falso.
Para convencerse basta con darse cuenta de que los test de dominó, muy utilizados por los gabinetes de contratación y de selección[4], solamente necesitan saber combinar los números del uno al seis. Estos test de razonamiento aritmético tienen una alta correlación con las medidas globales de la inteligencia.

d) **test de memoria inmediata**
Aunque la memoria inmediata de cifras, recitadas en orden correcto o inverso, sea una medida mediocre de la inteligencia, este test es, sin embargo, extremadamente fundamental para los niveles inferiores. Este test figura en la batería original del profesor Binet. Es aún el componente más universalmente utilizado (realización individual).

---

[4] M. CARABIN, Thierry: *Nuevos test de selección de personal*, Editorial De Vecchi, Barcelona, 1998.

e) **test de similitudes**
Hacer la distinción entre similitud esencial o similitud superficial es característico de la mentalidad adulta (o posadolescente).

f) **test de combinación de imágenes**
Las imágenes se le presentan al sujeto desclasificadas. Se le pide que las clasifique de tal modo que sean representativas de un escenario plausible. El inventor de este test fue M. Decroly, probablemente en 1914. De realización individual, este test aporta muchas informaciones.

g) **test de complemento de imágenes**
Ante un dibujo incompleto, simplemente se le pide al sujeto que describa y dé nombre a la parte que falta.

h) **test de los cubos de Kohs**
Este test mide la aptitud del individuo de analizar un conjunto en sus componentes.

i) **test de ensamblaje de objetos**
Como su nombre indica, el problema propuesto consiste en ensamblar las piezas de tal modo que reconstruyan una pirámide, por ejemplo. Este test no puede ser aplicado más que en realización individual.

j) **test de código**
El sujeto debe asociar ciertos símbolos con otros. La rapidez y la precisión con las que realiza los emparejamientos sirven de medida.

k) **test de vocabulario**
El número de palabras que un individuo conoce es una medida de su aptitud para aprender, de su bagaje (suma de sus adquisiciones culturales) y de la extensión general de sus ideas.

Realización colectiva o individual

En nuestros comentarios relativos a los componentes del test Wechsler, hemos expresado la imposibilidad de una realización colectiva o el mayor interés de una realización individual. El psicólogo Jean-Charles Terrassier, ya citado, ha puesto en evidencia que la mitad de los niños precoces no son descubiertos en realizaciones colectivas, mientras que sí lo son en realizaciones individuales. Distingue tres razones:

a) la distracción;
b) la falta de confianza en sí mismo;
c) los malos hábitos impuestos por el grupo escolar.

La distracción es natural para un niño que nunca ha sido obligado a concentrarse y a trabajar realmente. La falta de confianza en sí mismo es la consecuencia de una inadaptación al medio. Los niños son muy duros entre ellos. El grupo tiende a expulsar a aquel que da sistemáticamente la respuesta correcta, mientras que los demás aún la buscan. Desde ese momento, la admisión del niño precoz en el seno del grupo está ligada a una inhibición voluntaria, aquello que los psicólogos llaman *suicidio del coeficiente intelectual*. Estos niños actúan como una persona demasiado alta que estuviera perpetuamente encorvada. Nadie ignora que, situado en una jaula demasiado pequeña, un pájaro jamás podrá aprender a volar.

La realización colectiva es la norma para el conjunto de los adultos, excepto en problemas específicos. Los resultados obtenidos en los test de ejecución son parecidos en uno y otro caso. En los test de comportamiento, la conservación individual debería ser considerada un complemento indispensable. En el mundo laboral, y más concretamente en el de la contratación, actualmente es una práctica habitual, como mínimo para los consultores cualificados.

La realización individual debería ser la norma para todos los sujetos de menos de dieciséis años. Si la realización colectiva es reprimida por los test de ejecución, no debería constituir más que un episodio del trayecto. Aún conviene subrayar que esta etapa no debería jamás ser programada al comienzo del proceso sino en medio de este o al final.

El coeficiente de desarrollo o C. D.

En el niño, el factor de desarrollo de la inteligencia, también llamado *coeficiente de desarrollo*, aumenta progresivamente. Está ligado a la edad cronológica y a la adquisición de aprendizajes, particularmente relacionales, que derivan de la edad. Se traduce en una mejora en la agilidad de adaptación del niño. Cuanto más avanza esta agilidad más desarrolla el niño su aptitud para captar informaciones útiles y para integrarlas. Adquiere así nuevas habilidades, que le ayudan a adaptarse a las circunstancias en cambio de su alrededor.

Este coeficiente de desarrollo o C. D. no se calcula apenas y los términos son poco empleados. De hecho, esta capacidad de adaptación es medida por muchos de los test que más arriba describíamos.

En la realización individual, el psicólogo identifica perfectamente un eventual retraso del niño, visto bajo este aspecto. Entonces, es inducido a buscar las causas...

Inteligencia social

Ya hemos hecho referencia a los trabajos del profesor Thorndike y precisado que distinguía la facilidad para entenderse con sus semejantes como uno de los componentes de la inteligencia global. También fue el primero —en 1920— en hablar de *inteligencia social*. Diversos trabajos de investigación elaborados en aquella época apuntaban a afinar las herramientas de medida de esta aptitud como una forma de vivir en buena inteligencia con los seres humanos, de manera general y constante. El carácter universal de esta aptitud es importante y conviene diferenciarlo bien del buen entendimiento entre dos personas, por ejemplo. Efectuadas por él mismo y por sus colaboradores, estas investigaciones y tentativas diversas no han llegado a ser exitosas. Otros investigadores se consagraron también a esta tarea. Los trabajos de Woodrow, en 1939, y de Wedeck, en 1947, son muy conocidos y han permitido a los psicólogos progresar.

El psicólogo americano Guilford consiguió aislar una dimensión de la inteligencia social interesándose sobre todo en el mayor o menor conocimiento que tiene el sujeto del comportamiento humano.

Las aptitudes definidas son: aptitud para comprender las expresiones de comportamiento, aptitud para distinguir el carácter común de diversas situaciones, aptitud para evaluar las relaciones entre diversos hechos, aptitud para reconstruir una estructura u organización, aptitud para aprender los cambios y deducir sus modificaciones y, por último, aptitud de prever las consecuencias o resultados de un comportamiento definido o de una situación determinada.

Los test ultimados por J. P. Guilford, Maureen O'Sullivan y R. de Mille son utilizados muy a menudo. El recurso del dibujo ha permitido aislar las aptitudes medidas.

El primer test consiste en terminar una historia sencilla. Un dibujo muestra una situación. En función de los pensamientos, sentimientos o intenciones manifestadas por los personajes, el sujeto es invitado a designar, entre tres posibilidades, aquella que constituye la continuación de la situación descrita por el primer dibujo.

El segundo test se relaciona con los grupos de expresiones. Tres imágenes muestran detalles de comportamientos que provienen de un mismo tipo de pensamiento, sentimiento o intención. El sujeto es invitado a escoger, entre cuatro posibilidades, la expresión que se empareja con las tres imágenes que constituían el enunciado.

El tercer test está compuesto por expresiones verbales. Es el único para el que no se utiliza un dibujo. El enunciado de cada pregunta se compone de una interpelación, y precisa la naturaleza de la relación existente entre los dos protagonistas. Se le pide al sujeto que localice, entre tres posibilidades, la relación en la que las palabras utilizadas tendrán necesariamente un significado diferente u otra implicación.

Por último, el cuarto test se presenta bajo la forma de historias para completar. El escenario completo consiste en cuatro dibujos que forman un pequeño cómic. Una de las figuras o dibujos falta, pero se encuentra entre cuatro posibilidades. Se le pide al sujeto que la localice en función de los elementos provistos por las expresiones de los personajes.

Los usos

Por razones de orden práctico —material y tiempo mínimos— los psicólogos tienen tendencia a privilegiar los test llamados *de situaciones*.

Este test se compone de veintiuna preguntas, todas construidas sobre el mismo modelo. Una pregunta es realizada, como esta del primer ejemplo: «¿Por qué es imprudente pasar bajo una escalera?», y cuatro propuestas de respuesta son ofrecidas al candidato, que debe seleccionar las dos respuestas más razonables.

Este es un test interesante para el psicólogo que quiere, dentro de un grupo, diferenciar a las personas menos adaptadas a la vida en la sociedad. Esto explica su utilización en procedimientos de contratación, en particular para todas las funciones que implican un contacto directo y frecuente con clientes.

Este test, como los precedentes, no puede ser administrado más que a una población adulta (o posadolescente).

Actualmente, y de un modo general, se constata una gran propensión a utilizar prioritariamente test generales, que permitan una aproximación global de la personalidad y una apreciación de las diversas facetas del comportamiento individual. Estos *inventarios psicológicos* están ahora disponibles en versión informatizada, cosa que facilita mucho su utilización. Estas herramientas demasiado generosas no permiten una aproximación a la inteligencia social tan precisa como la ofrecida por el test de Guilford, O'Sullivan y Mille.

¿Social o general?

Se ha constatado que las personas que obtienen una puntuación mediocre en los test de inteligencia general —coeficiente intelectual— obtienen un resultado igualmente débil en los test de inteligencia social. Por el contrario, los niveles conseguidos son diferentes para las otras categorías. Los titulares de coeficientes de inteligencia medios y superiores alcanzan niveles de resultados diferentes en los test de inteligencia social. Esto demuestra, si fuese necesario, que las aptitudes y potenciales medidos son muy distintos.

Los test de inteligencia general son medidas de técnica. La inteligencia es un motor.

Los test de coeficiente intelectual permiten constatar que Juan resuelve ciento cincuenta problemas en una hora, mientras que Pedro, como máximo, resuelve ciento veintidós. Los problemas planteados no tienen nada que ver con los diversos comportamientos humanos. Un coeficiente de inteligencia elevado no es suficiente para convertir a su titular en un prodigio condenado a triunfar[5] en la vida, tanto en los negocios como en la vida privada.

Todo hijo de vecino sabe que ciertos individuos, reputados por tener cerebros muy brillantes, no entienden nada que tenga que ver con las relaciones humanas. Estas relaciones no están regidas por la lógica. Los seres humanos no somos robots o dominós. El psicólogo George Mead introdujo en 1934 la noción de *toma de rol* o facultad de ponerse en el lugar del otro. Los trabajos de Jean Piaget sobre el razonamiento moral fueron publicados dos años más tarde[6]. El francés Henri Baruk los publicó en 1945[7]. El profesor Lawrence Kohlberg, de la Universidad de Harvard, retomó el testigo y prosiguió sus trabajos.

El juicio moral

Los estadios de desarrollo de la inteligencia[8] preceden a los estadios de desarrollo moral, así lo confirman los trabajos del profesor Lawrence Kohlberg. Las experiencias de Kohlberg muestran que cada persona razo-

---

[5] Evocamos aquí el triunfo personal de una vida. Este no puede ser reducido a la única dimensión del patrimonio material dejado a los herederos.
[6] PIAGET, Jean: *El criterio moral en el niño*, Ed. Martínez Roca, Madrid, 1984.
[7] BARUK, Henri: *Psychiatrie morale expérimentale*, Presses Universitaires, Francia.
[8] Véase la noción de coeficiente de desarrollo o C. D. desarrollada anteriormente en este capítulo.

na espontáneamente según principios que corresponden a un cierto grado de universalización del sentido de la justicia, grado que difícilmente se sobrepasa. Por eso, el profesor Lawrence Kohlberg ha podido elaborar cuestionarios de juicio moral[9] destinados a medir este grado.

La conducta de una persona puede estar, o no, de acuerdo con sus propios principios. Esto depende, entre otras cosas, de la fuerza del yo, rasgo de la personalidad que delimita bien los test de R. B. Cattell. En su camino, Kohlberg no evalúa las conductas, pero remarca que los principios morales son una condición necesaria y un buen pronóstico. El profesor Lawrence Kohlberg distingue seis estadios de juicio moral para cada dominio o aspecto de la vida cotidiana. A continuación, exponemos la escala general que concierne a la vida social:

Estadio 1: obediencia a la coacción coercitiva para evitar las medidas de represalia. Confusión entre los puntos de vista personales y los de la autoridad.

Estadio 2: utilitarismo. Las relaciones humanas se fundan en los intercambios. Obedecer las reglas jerárquicas sirve al interés inmediato.

Estadio 3: búsqueda de la aprobación de los que le rodean. La lealtad, la confianza y el reconocimiento se fundamentan sobre los sentimientos. Tendencia a ceder a las injusticias para evitar los conflictos.

Estadio 4: mantenimiento del orden y de las reglas de la sociedad. La frase «si cada uno hiciese lo mismo» es representativa de este estadio. Las relaciones humanas son regidas por el orden social y sus leyes. El relativismo moral, en particular el de Durkheim y el de la mayoría de los sociólogos, así como el *superego* de los psicoanalistas, aparece en este estadio. Se recomienda tolerancia, pero de la palabra a los actos sólo hay un salto. Cierto exceso en el discurso puede revelar en el fondo, después del análisis, intolerancia.

Estadio 5: el orden social es cuestionado en nombre de los valores humanos universales. Se respeta la ley pero se espera poder cambiarla para el bien general.

Estadio 6: los principios éticos universales de justicia, reciprocidad, igualdad de los derechos del ser humano son imperativos. Las demás con-

---

[9] Lise de Carbonnel-Chevreux, investigadora francesa, autora de una tesis remarcable y publicada bajo el título *Morale et prospérité* (difusión restringida), ha trabajado sobre la versión francófona de estos cuestionarios de juicio moral. Estos trabajos se interrumpieron por la muerte del profesor Lawrence Kohlberg.

sideraciones se eclipsan, aunque el precio sea la libertad o la vida. Kohlberg cita a Sócrates, Abraham Lincoln y Martin Luther King como pertenecientes a este estadio.

Después de un análisis crítico de esta escala, John Gibbs concluyó en su validez, añadiendo que, según él, los estadios 5 y 6 son estadios filosóficos raramente alcanzados[10].

Altruismo

He aquí la escala de altruismo propuesta por el profesor Lawrence Kohlberg, tal y como la publicó en 1975:

Estadio 1: el sujeto está centrado en sus propios intereses.

Estadio 2: el sujeto pone primero el acento sobre su propio bienestar, después sobre los demás en la medida en que puede tener intercambio. Este estadio puede resumirse con la frase: «Si yo hago algo por ti, tú me lo devolverás».

Estadio 3: el sujeto intenta no ser egoísta, amar a sus semejantes, aquellos a los que cuida o debería cuidar.

Estadio 4: el sujeto no solamente da testimonio de un interés por sus semejantes, sino también por la sociedad, la nación, sus instituciones.

Estadio 5: el sujeto se da cuenta de que está dispuesto a sacrificarse antes por aquellos a los que está ligado, sea por un contrato, por afinidades psicológicas... Siempre reconoce que es justo preocuparse por los derechos del ser humano en general y por el bien de todos aquellos que están implicados en la situación que se discute.

Entre juicio moral y altruismo por una parte, e inteligencia general por otra, los lazos se revelan más evidentes cuanto más seriamente reflexionamos sobre ellos. Leer las definiciones de los estadios superiores de las dos escalas anteriores permite comprender fácilmente que estos comportamientos requieren una capacidad de análisis cierta y un espíritu apto para aprehender rápidamente una situación en su conjunto.

---

[10] Véase su análisis con el título «Kohlberg's stages of moral judgment: a constructive critique», en el número de febrero de 1977 de *Harvard Educational Review*.

El altruismo no se deduce del coeficiente intelectual, pero un coeficiente intelectual elevado permite un comportamiento altruista de estadio 5. La afirmación, próxima a ciertos sectores, según la cual el altruismo no sería más que la forma superior del egoísmo, da testimonio de una capacidad de observar desde fuera e, igualmente, de cierta modestia. En 1980, Lise de Carbonnel-Chevreux propuso definir el *coeficiente altruista* o C. A. basándose en los trabajos de Kohlberg. Ella precisaba que, según sus conclusiones, la mala reputación de los test de coeficiente intelectual residía en el hecho de que excluían todo factor de comportamiento y contribuían a llevar al pináculo a individuos en los que las demás personas tenían problemas para encontrar algún valor humano. En realidad, desde antes de esa fecha, la práctica de los gabinetes de contratación en los Estados Unidos requería que a los test de coeficiente intelectual se añadiera un *test de mando*, que permitiera evaluar la capacidad del individuo para ejercer un verdadero liderazgo.

Lise de Carbonnel-Chevreux subrayó en la conclusión de sus trabajos: «El altruismo neutraliza los instintos narcisistas de posesión y dominación, fuentes de conflicto. Cuanto más intenso, más débiles son estos instintos». Es interesante aproximar las afirmaciones de Lise de Carbonnel-Chevreux a estas otras: «La fuente del altruismo está en la búsqueda de la empatía, esa capacidad de leer en el corazón de los demás —ser insensible a la necesidad y a la desesperación de otro es no saber amar». Así se expresa el psicólogo americano Daniel Goleman en la introducción de su libro *Inteligencia emocional*[11].

Inteligencia emocional

En su obra, Daniel Goleman se entretiene largamente en el funcionamiento físico del hombre, y en particular en el denominado *rol de la amígdala*. Insiste en demostrar que los resultados de la inteligencia emocional pueden ser mejorados gracias a diversas prácticas enseñadas en sus seminarios. Ya hemos mostrado anteriormente que ciertos contextos familiares perturbados son el origen de ausencias o pérdidas de referencias, de un estrés negativo recurrente y de una incapacidad para confiar, faltando también la confianza en uno mismo. Nadie ignora hoy en día que diversas prácticas permiten al individuo tomar de nuevo las riendas. El profesor Alfred Binet ya demostró las diferencias de los resultados en los test, dependiendo de si el niño residía en un medio desgarrado o estaba rodeado de atentos cuidados.

---

[11] GOLEMAN, Daniel: *Inteligencia emocional*, Editorial Kairós, Barcelona, 2002.

Retomando los trabajos de E. L. Thorndike, el psicólogo Peter Salovey (Universidad de Yale, Estados Unidos) propuso una primera aproximación a la inteligencia emocional definiendo cinco dominios principales: conocimiento de las emociones, dominio de las emociones, automotivación, percepción de las emociones de los demás y dominio de las relaciones humanas.

No hablar más de inteligencia social sino de inteligencia emocional no es un simple efecto de modo. Es reconocer que toda pérdida de dominio de nuestras emociones conduce a una parálisis de nuestra inteligencia general. Nuestra «máquina» de aprender, analizar, demostrar y construir puede quedar cortocircuitada durante un lapso de tiempo variable. Es solamente una cuestión de segundos si estamos embargados de estupor ante un acontecimiento inopinado y si, pasada la sorpresa, reaccionamos retomando las riendas como debe ser. Es mucho más largo en el caso de la muerte brutal de alguien cercano[12]. A estos dos ejemplos, podríamos añadir la lista de los contextos en los que la falta de dominio de las emociones es regularmente constatada, ya sea la cólera o una pasión devoradora.

Iríamos más allá del conocimiento de las reglas aplicables a las relaciones sociales y al reconocimiento de los diferentes modos de expresión. Todo estudiante ha sido llevado por sus profesores a discutir sobre la razón y la pasión. Nosotros distinguimos aquello que necesita razonamiento de aquello que es sentido o intuido. No haremos de esta obra ni un manual de rudimentos de filosofía, ni un tratado de neurología. El lector interesado en estos aspectos encontrará fácilmente en las librerías libros con los que satisfacer su curiosidad.

El coeficiente emocional o C. E.

Los términos no son nuevos. Ya fueron utilizados por Liberson, en 1945, para definir la relación entre los retrasos de reacción ante palabras que suscitan emociones y los relativos a palabras neutras. Pero este uso ha caído en desuso.

Nosotros lo definimos hoy en día como la medida de la inteligencia social y emocional. Proponemos esta denominación por analogía con el coeficiente intelectual o C. I., del que constituye un complemento. Tal y como ha sido expuesto, el coeficiente intelectual de un adulto no es un cociente o relación entre edad mental y edad cronológica. Es una unidad de medida. Ocurre lo mismo con el coeficiente emocional o C. E.

---

[12] Sobre este tema, consultar la escala de estrés publicada en: M. CARABIN, Thierry: *Comment dominer ses émotions*, Editorial De Vecchi, París.

Por inteligencia social y emocional entendemos el conjunto de componentes de la inteligencia emocional y del juicio moral tal y como fueron definidos por los trabajos de Salovey y Kohlberg y afinados más tarde. El test presentado en esta obra reúne siete indicadores. Los cinco primeros son aproximaciones mesuradas del realismo, serenidad, optimismo, dominio y empatía del sujeto. El sexto permite una estimación simplificada del nivel habitual de juicio moral de la persona que realiza el test. Por último, el séptimo, llamado general, es una suma de indicaciones o hechos constatados en sujetos en los que el alto nivel de inteligencia social o emocional ha sido constatado. Visto su carácter inédito, este test será calificado de experimental por los científicos. En efecto, no existen, hoy en día, normas de referencia en lo que concierne a la medida del coeficiente emocional. Hemos escogido pues, deliberadamente, una medida que permita el paralelismo con el coeficiente intelectual.

Con el objetivo de utilidad y para asistir al lector en su búsqueda de optimización de su gestión de las emociones, la tabla de comprobación del test permite una identificación factor por factor. Los diferentes componentes también son explicados. ¡El lector encontrará un retrato fiel y tan preciso como sea posible, a condición de haber contestado las preguntas con toda objetividad y franqueza!

Instrucciones para el test

Indicaciones

Le esperan ciento treinta preguntas. Puede consagrarles el tiempo que desee. Puede interrumpir su «trabajo» y retomarlo después. Lo ideal sería, de cualquier modo, que respondiera a todas las preguntas en un único periodo de no más de cuarenta y ocho horas.

Esfuércese por hacer el test en un momento en el que no sea interrumpido. Escoja la soledad si es necesario. Sin la distracción de los demás, no le queda sino mantenerse concentrado y no dispersarse.

Evite hacer el test con otra persona. Se trata de un análisis individual que a usted le interesa hacer solo/a con rigor y objetividad. ¡Esto no le impedirá, más tarde, dialogar con un confidente sobre una u otra pregunta, en particular aquellas en las que se evoca la opinión de los demás!

Lea una sola pregunta cada vez. Reflexione. Lea atentamente todas las posibilidades de respuesta. Seleccione y escriba su elección antes de pasar a la pregunta siguiente. No dé marcha atrás. No modifique nunca sus respuestas a posteriori. Todas las preguntas deben ser contestadas según el orden del test.

Algunos encuentran sorprendentes diversas propuestas de respuestas. Preguntan: ¿están dispuestas así para amenizar el ejercicio o para chocar y provocar una reflexión?

A usted le toca ver y juzgar, por bloques, o caso por caso.

Escoja tranquilamente su respuesta: es la única buena.

Nunca mire la tabla de comprobación hasta que no haya terminado completamente el recorrido, aunque sólo sea para ver cómo está puntuada la respuesta que acaba de seleccionar.

Asimismo, absténgase de leer los textos de comentarios que se encuentran después del test. Aprovechará plenamente la última parte de esta obra si espera a haber realizado el test por completo.

Contraindicaciones

Usted cree que no necesita un test para conocerse mejor o quiere equivocarse sobre sí mismo...

Corra a estudiar los comentarios relativos a los diversos indicadores.

Defina el perfil que le conviene.

Busque en la tabla las respuestas que le permitan acercarse a ese perfil.

Escoja esas respuestas.

Ofrézcase el coeficiente emocional que desee.

Hágalo imprimir sobre un diploma que usted mismo se otorgará y del
que hará alarde, bien a la vista, en su casa.

¡Si alguna de sus amistades aún tenía dudas, estas serán por fin y gracias a usted definitivamente disipadas!

Test para las mujeres

Si es usted un hombre,
vaya directamente a la versión masculina del test,
en la página 93.
Si no ha leído atentamente las «Instrucciones
para el test» en la página 33, léalas antes de empezar.

Pregunta n.° 1
LOS PENDIENTES

No importa si los prefiere discretos o muy atrayentes, encuentre entre las respuestas su hábito o su actitud.

[A] Nunca he llevado y no creo que cambie.

[B] Prefiero los colgantes o los anillos y me gusta que se vean, que destaquen.

[C] Llevo porque me he hecho los agujeros. Son pequeños, muy discretos.

[D] He llevado. Dejé de llevarlos. No pienso volver a llevarlos.

[E] Llevo. Son muy formales.

[F] Sí, siempre llevo y me gusta que los demás, hombres o mujeres, se den cuenta y comenten mi elección.

Escriba aquí su respuesta:

Pregunta n.° 2
EL HUMOR DE LOS DEMÁS

¿Qué piensa de las personas que hacen gracias en cualquier momento?

[A] No me gustan nada.

[B] Me dejan totalmente indiferente.

[C] No me gustan. Hay que saber ser serio cuando es necesario. Y además, esas personas distraen a los demás.

[D] Cada cual se hace el interesante como puede. Yo debo reconocer que aprecio una palabra que pueda relajar la atmósfera.

[E] Me gusta esa manera de tomarse la vida y de relativizar las cosas, sobre todo si esa persona practica la autoburla con sutileza.

[F] Están fuera de lugar.

Escriba aquí su respuesta:

PREGUNTA N.° 3
LOS REGALOS

¿Le gusta hacer regalos?

A Sí, evidentemente. Además, tengo siempre ideas originales que hacen reír a todo el mundo (excepto a aquellos a los que no les gustan las bromas).

B Yo regalo voluntariamente pero no corro riesgos idiotas. Compro objetos de las grandes marcas: alcohol, perfumes, corbatas.

C A todo el mundo le gusta regalar. Encontrar una idea original es el verdadero problema.

D Sí, porque me gusta hacer bien a los demás.

E Es uno de los placeres de la vida: ofrecer un regalo elaborado especialmente para su destinatario. Confieso que lo logro...

Escriba aquí su respuesta:

PREGUNTA N.° 4
SU MOTIVACIÓN EN EL TRABAJO

Con sus necesidades profesionales cubiertas, ¿cuál de estas dos propuestas le motiva más?

A El dinero.

B El orgullo del trabajo bien hecho.

Escriba aquí su respuesta:

PREGUNTA N.° 5
EL ABURRIMIENTO

¿Qué piensa de la afirmación de La Bruyère: «El aburrimiento entró en el mundo por la pereza»?

A Es la verdad.

B Es su opinión.

C Se equivoca.

Escriba aquí su respuesta:

Pregunta n.° 6
Las joyas

Ciertas mujeres adoran llevar muchas joyas a la vez, en cambio, otras se niegan a llevar más de una. ¿Usted qué prefiere?

A Yo nunca llevo joyas. He tenido problemas de alergia y después no me he vuelto a arriesgar.

B Nunca he llevado joyas.

C Me gusta llevar muchos anillos, pulseras y demás. Sin ellos, una mujer no es una mujer.

D Prefiero llevar sólo una, o puede que dos, escogida(s) para la ocasión. A veces no llevo ninguna.

Escriba aquí su respuesta:

Pregunta n.° 7
La organización

¿Es usted más bien muy ordenada, muy organizada, muy metódica... o todo lo contrario?

A Sobre todo soy muy organizada. Mi único criterio es la eficacia. Trabajo rápido. Eso generalmente es reconocido.

B Tengo un método de organización y lo aplico siempre. Todo es etiquetado y clasificado en función de la urgencia.

C Los demás me encuentran algo desordenada. Es su opinión. Me gusta mi faceta artística, espontánea y bastante directa.

Escriba aquí su respuesta:

Pregunta N.º 8
El despertar

¿Le gusta el momento del despertar?

A Cuando suena el despertador, salgo en seguida de la cama y directamente me preparo un desayuno muy energético.

B No soporto los comienzos bruscos por la mañana. No, el despertar no es mi música preferida. Es una necesidad.

Escriba aquí su respuesta:

Pregunta N.º 9
La jerarquía

Según usted, para situarse en el mundo laboral ¿qué es más importante? Escoja entre las tres proposiciones que siguen (una sola elección).

A Tener más diplomas que los demás.

B Ser el mayor en edad.

C Saber organizar y motivar.

Escriba aquí su respuesta:

Pregunta N.º 10
La conversación

¿La gente con quien se relaciona le reprocha de vez en cuando que cambia de tema en una conversación sin avisar?

A No, jamás.

B Algunos hombres me lo dicen.

C Sí, me han hecho ese reproche.

D Intento corregir ese defecto.

E Quizás, alguien puede utilizar esos cambios como pretexto para discutir, como si yo fuese responsable de su distracción.

Escriba aquí su respuesta:

PREGUNTA N.° 11
LA COMUNICACIÓN

¿Buscando un empleo asalariado, pone (o pondría) por delante su deseo de estar en contacto con la gente?

A Sí, ese es en efecto un criterio muy importante para mí.

B No, esa no es la prioridad. Hay criterios más importantes.

Escriba aquí su respuesta:

PREGUNTA N.° 12
LA DIFICULTAD

¿Ha conocido la angustia de una situación tan difícil, cuya evolución fuese totalmente imprevisible?

A Sí, evidentemente. Acabó bien. Jamás he sido tan fría y determinada. No me conocía esa fuerza.

B Sí, fue terrible. Acabó bien porque aún estoy aquí, pero aún tengo la carne de gallina sólo de pensar en ello.

Escriba aquí su respuesta:

PREGUNTA N.° 13
LA AUTORIDAD

Según usted, ¿qué es la autoridad natural?

A Es la autoridad que te confiere una posición jerárquica.

B Es la autoridad concedida por un grupo.

Escriba aquí su respuesta:

PREGUNTA N.º 14
EL FRACASO

Generalmente, ¿qué hace después de un fracaso?

A Analizo la situación para comprender mis errores.

B Me preparo para un nuevo objetivo.

C Comienzo de nuevo y espero conseguirlo, al fin.

D Jamás he conocido el fracaso.

Escriba aquí su respuesta:

PREGUNTA N.º 15
LA PALABRA DADA

Honestamente, ¿es usted una mujer de palabra?

A Sí, eso asombra a los hombres.

B Sí, es una forma de vida.

C ¡Sí, por supuesto, qué pregunta!

D Sí, aunque hable poco...

E Sí, hago lo que puedo.

F Honestamente, no.

Escriba aquí su respuesta:

PREGUNTA N.º 16
LOS SUEÑOS

¿Se ha interesado en la interpretación de los sueños?

A Sí, ya he intentado interpretar mis sueños, pero es muy difícil.

B No, aún no, pero es uno de mis proyectos.

C Al despertar, no pienso en saber qué he podido soñar. De hecho, estoy más interesada en programar bien mi jornada.

Escriba aquí su respuesta:

EN EL MERCADO

Si un tendero se equivoca y le devuelve demasiadas monedas, ¿qué hace?

A No me doy cuenta porque nunca lo compruebo.

B No digo nada porque, estadísticamente, también puede equivocarse en mi contra.

C No digo nada desde que me devolvieron monedas falsas.

D Se lo digo inmediatamente.

Escriba aquí su respuesta:

PREGUNTA N.° 18
EL DEBER

Entre las cuatro proposiciones presentadas, ¿qué frase tiene un sentido más próximo a la cita de André Gide: «Los buenos trabajadores tienen siempre la sensación de que podrían trabajar más»?

A Los buenos trabajadores trabajan más que los demás.

B Los malos trabajadores son más felices que los buenos.

C El sentimiento del deber cumplido es raro entre los trabajadores.

D Los buenos trabajadores son tan concienzudos que dudan de no haber hecho suficiente.

Escriba aquí su respuesta:

PREGUNTA N.° 19
LA REORGANIZACIÓN

Según usted, cuando un jefe de departamento debe reorganizar el trabajo de su unidad, ¿por dónde es preferible que empiece (una sola elección)?

A Escuchar las quejas de los colaboradores y tomar nota de sus sugerencias.

B Leer un libro para ver qué se puede hacer.

Escriba aquí su respuesta:

PREGUNTA N.° 20
LA CONFIANZA DE LOS DEMÁS

¿Tienen los demás realmente confianza en usted y se lo manifiestan?

A Es muy difícil de saber. Yo sé que pueden confiar en mí.

B Sí. Además, da gusto notar su confianza, ya sea para la organización de una actividad o para cualquier otra cosa.

Escriba aquí su respuesta:

PREGUNTA N.° 21
SU PROGRAMA DE VIDA

Para algunos, mayores o más jóvenes que usted, es necesario haber hecho «eso» antes de tal edad y haber conseguido «aquello» antes de tal otra. ¿Usted ha programado su vida?

A No, pensar en ello me hace huir.

B Sí, la boda y los niños.

C Sí, el trabajo y la vida privada.

Escriba aquí su respuesta:

PREGUNTA N.° 22
LA ENERGÍA

La energía personal es indispensable para emprender cualquier acto. También se le llama vigor. Escoja la afirmación a la que se sienta más próxima.

A Siempre encuentro en mí la energía que necesito.

B No siempre es fácil encontrar la energía.

Escriba aquí su respuesta:

PREGUNTA N.° 23
EN EL TRABAJO

¿Es usted una fervorosa del trabajo en grupo o en equipo?

A Sí, evidentemente, odiaría encontrarme trabajando sola.

B Aprecio realmente el trabajo en equipo. Si hay más gente, siempre habrá más ideas.

C Por experiencia, prefiero trabajar sola, con tranquilidad si es posible.

Escriba aquí su respuesta:

PREGUNTA N.° 24
EL APAGÓN

Ha invitado a un amigo a una cena íntima en su casa. Ambos están en la mesa cuando la luz se va, a causa de un apagón. ¿Qué es lo primero que hace, espontáneamente?

A Decir una gran palabrota.

B Aprovecho para abrazarle y decirle que los plomos están en el armario de la derecha.

C Pido a mi invitado que no se mueva para evitar que se haga daño, mientras me levanto para ver si el apagón es general o no.

Escriba aquí su respuesta:

PREGUNTA N.° 25
SU MANTENIMIENTO

¿Cuánto tiempo consagra al gimnasio o a practicar algún deporte cada semana, todas las semanas del año? No tome en cuenta el tiempo dedicado al esfuerzo, a quitarse la ropa, al transporte y a la charla. Seleccione la respuesta correspondiente al tiempo real constatado.

A Más de cinco horas cada semana.

B Al menos cuatro horas cada semana.

C Al menos tres horas cada semana.

D Al menos dos horas cada semana.

E Al menos noventa minutos cada semana.

F Menos de noventa minutos.

Escriba aquí su respuesta:

PREGUNTA N.° 26
LA TESTARUDEZ

¿Qué le inspira la cita de Séneca: «Podemos quebrantar la terquedad, pero no doblegarla»?

A No sirve de nada discutir con ciertas personas.

B En la vida, todo es cuestión de fuerza.

C No hay testarudez sin causa.

Escriba aquí su respuesta:

PREGUNTA N.° 27
EL AZAR

Toda vida es una sucesión de coincidencias, unas felices y otras no tanto, deseadas o sufridas. ¿Cómo le van las cosas a usted en este momento?

A Recientemente he conocido a gente muy interesante.

B En este momento, digamos que estoy con personas sin gran interés. Apenas tengo suerte en ese sentido.

Escriba aquí su respuesta:

PREGUNTA N.° 28
A PROPÓSITO DE LA PIEDAD

Entre las cuatro proposiciones que le proponemos, ¿cuál tiene un sentido más cercano a la cita de André Still: «La piedad sólo tiene una razón de ser, mirar desde arriba»?

A La condescendencia es el reverso de la piedad.

B Implorar piedad es colocarse bajo el ala del otro.

C Miramos por encima del hombro a quien tiene piedad de sí.

D La piedad es un sentimiento algunas veces tortuoso.

Escriba aquí su respuesta:

PREGUNTA N.° 29
LA CURIOSIDAD

Según usted, ¿la curiosidad es una cualidad o un defecto?

A Cualidad.

B Defecto.

C Lo uno o lo otro.

Escriba aquí su respuesta:

Pregunta n.º 30
El optimismo como principio

Ciertas personas reivindican un prejuicio de optimismo general y constante, sea cual sea el problema del momento. ¿Qué piensa sobre eso?

A Es una actitud excesiva e irreal a la que no me puedo adherir de ninguna manera.

B Tienen razón comportándose así. Para poder ganar, primero hay que comenzar ganando.

Escriba aquí su respuesta:

Pregunta n.º 31
Usted y él

Es parte de la vida. Ya debe haberle pasado, o le pasará, el ver a un hombre, por quien sentía algo, del brazo de una amiga y sentir ciertos celos, e incluso algo más. ¿Cómo reaccionó, o cómo reaccionaría?

A Lo sustituyo por el primer hombre que encuentre a la vista, a quien convierto en mi galán de la velada.

B Si él la aprecia… cosa que es menos difícil de lo que yo creía.

C No digo nada porque no veo nada y no oigo nada.

Escriba aquí su respuesta:

Pregunta n.º 32
La futilidad

¿Los hombres en general, o alguno en particular, le han calificado alguna vez de fútil?

A Sí, es una broma que ya he oído. Forma parte de mi encanto.

B No, no lo permitiría. De hecho, no lo había oído nunca. No es mi estilo.

C No entiendo ese calificativo aplicado a mi persona. Si se diese el caso, puede que me divirtiera.

Escriba aquí su respuesta:

PREGUNTA N.° 33
SOS AMISTAD

¿Sus amigos la llaman a menudo?

A Muy a menudo, soy yo quien constata a través al teléfono que algo no funciona. Entonces, voy corriendo a verle.

B En este momento, yo pido más ayuda a los amigos de la que ellos me piden a mí. Mañana, será al contrario, espero.

C Mis amigos me llaman cuando se presenta un problema grave. Jamás repito las confidencias.

Escriba aquí su respuesta:

PREGUNTA N.° 34
MENÚ NOCTURNO

Supongamos que se le ofrece la elección de pasar una velada sola en casa o ir al cine con unas amigas a ver una película que no le atrae. ¿Qué escogería?

A Sola en casa.

B Al cine.

C No lo sé.

Escriba aquí su respuesta:

PREGUNTA N.° 35
LOS OBJETIVOS

Entre estas dos afirmaciones, ¿cuál se corresponde más con sus ideas?

A De una manera general, en la vida, llego a conseguir los objetivos que he escogido proponerme.

B Yo no soy pretenciosa. Hago lo que puedo.

Escriba aquí su respuesta:

PREGUNTA N.º 36
UN VISTAZO

¿Puede hacerse suya esta afirmación: «Durante mis estudios, nunca he copiado de nadie ni de ningún modo»?

A Sí.

B No.

Escriba aquí su respuesta:

PREGUNTA N.º 37
¿METEOROLOGÍA?

¿Suele hablar de todo y de nada con un vendedor o un comerciante? Si la respuesta es sí, ¿es algo frecuente u ocasional?

A Es frecuente que un artesano me confíe los secretos de su oficio.

B Los vendedores a menudo tienen prisa por pasar al próximo cliente.

C Si un comerciante es amable, le devuelvo la sonrisa. A veces pasa.

D ¡Se quejan del tiempo: o demasiado calor o demasiado frío, o demasiado lluvioso o demasiado ventoso... es pesado!

Escriba aquí su respuesta:

PREGUNTA N.º 38
SUS AMISTADES

¿Conoce muy bien a sus compañeras, la gente con quien se relaciona, sus amigas?

A Sí, eso creo. Cuando a alguna le pasa algo, lo noto en seguida e inmediatamente estoy en su casa.

B Me esfuerzo por estar disponible para escucharlas y comprenderlas si se dirigen a mí.

C La verdad, me basta con ver a una amiga para percibir inmediatamente si algo no funciona.

Escriba aquí su respuesta:

PREGUNTA N.° 39
PREOCUPACIÓN POR SU SALUD

¿Ha consultado ya algún médico por un estado de fatiga general del que no llega a salir?

A Sí, el diagnóstico ha revelado algo no bueno.

B Sí, entre otras cosas. No tengo muy buena salud.

C No, nunca. Tengo una salud excelente. Estoy hecha un roble.

Escriba aquí su respuesta:

PREGUNTA N.° 40
LA CONCURRENCIA

Participa en una recepción. A pesar de su encanto y la inteligencia de su conversación, otra concurrente capta todas las miradas. Entre estas tres tácticas, ¿cuál escogería?

A La sigo atentamente con la mirada. Cuando diga una barbaridad, restableceré el equilibrio con un tema de mi cosecha.

B Confío a los que me rodean las mil y una bajezas de la «dama» para ponerles en guardia.

C Me intereso por mis compañeros y consigo que expliquen todas sus hazañas, profesionales y otras.

Escriba aquí su respuesta:

PREGUNTA N.° 41
CUESTIÓN DE INFLUENCIA

¿Cómo le ven las demás mujeres?

A Más influyente que apagada.

B Más apagada que influyente.

Escriba aquí su respuesta:

PREGUNTA N.° 42
LA OBJETIVIDAD

Sinceramente, ¿qué es según usted la objetividad?

A Un rigor implacable que se ejerce a todos los niveles: recogida de información, estructuración de la reflexión, creación de expedientes y avisos, redacción y difusión de los resultados. Yo personalmente me someto a esta regla.

B Una gran honestidad intelectual surgida de mucha modestia, pues sé que nunca lo sé todo sobre una cuestión.

C Una utopía si intentamos seguir la verdadera definición. En realidad, es en la opinión de la mayoría (a menudo silenciosa), donde se ha reconocido la sabiduría.

D Creo que es un término muy rígido. Personalmente prefiero abstenerme y encontrar otras palabras más concretas, más realistas y más exactas.

Escriba aquí su respuesta:

PREGUNTA N.° 43
LA AMISTAD

De estas dos afirmaciones, ¿cuál es la que más se acerca a su forma de pensar?

A Tengo la suerte de tener amistades particularmente sólidas y fieles desde hace bastante tiempo.

B Sí, tengo que reconocer que algunos amigos me han abandonado algunas veces.

Escriba aquí su respuesta:

PREGUNTA N.° 44
OBSTINACIÓN

Sinceramente, ¿es usted del tipo de persona que persigue su objetivo hasta que lo consigue?

A Sin duda, sí. Mis compañeros de trabajo evocan bastante a menudo mi tenacidad.

B No, encuentro más astuto adaptarme a las circunstancias para evolucionar.

Escriba aquí su respuesta:

PREGUNTA N.° 45
SENTIR Y RAZONAR

Algunas personas aspiran a acaparar estas dos acciones simultáneamente y diferenciar bien la una de la otra. ¿Y usted?

A Sí, perfectamente. Yo diferencio en el instante aquello que pertenece al dominio de los sentimientos de aquello que proviene de la razón.

B No. Esta pretensión me parece excesiva, por no decir más.

Escriba aquí su respuesta:

PREGUNTA N.° 46
SU OPINIÓN

¿Está usted de acuerdo con la frase de Cicerón: «Cuanto más honesto es un hombre, más teme que los demás sospechen que no lo es»?

A Estoy de acuerdo.

B No estoy de acuerdo.

Escriba aquí su respuesta:

Pregunta n.° 47
Un niño perdido

Encuentra un niño muy pequeño en la acera, en una calle comercial. ¿Qué hace?

A Le cojo de la mano y le ofrezco un vaso de leche caliente en una cafetería.

B Le cojo en brazos y lo llevo a la comisaría de policía más cercana.

C Le hablo dulcemente y entro con él en la tienda delante de la cual estaba parado. Hago avisar a los otros vendedores y, después, a la policía. Juego con el niño mientras esperamos.

D Lo cojo en brazos y le hago ir a mi casa para que se tranquilice. Luego me esfuerzo en hacerle decir su nombre y su dirección.

Escriba aquí su respuesta:

Pregunta n.° 48
De nuevo su opinión

¿Qué le inspira la frase de Goethe: «El fin santifica los medios»?

A La desaprobación.

B La aprobación.

Escriba aquí su respuesta:

PREGUNTA N.° 49
LA ANSIEDAD

En un momento determinado, siente cierto sentimiento, como una ansiedad más o menos difusa; en apariencia, no hay nada que justifique el menor temor. ¿Qué piensa?

A Cuando me pasa, es un momento difícil para mí, pero pasa.

B Detesto pensar en esos momentos. Paso rápido a la pregunta siguiente. (Pero como mínimo escribo mi respuesta).

C Las emociones están en la naturaleza. Son las especias de la vida.

Escriba aquí su respuesta:

PREGUNTA N.° 50
CONTENCIOSO

¿Qué hace cuando tiene una discrepancia con alguien?

A Me esfuerzo en decírselo educadamente, preferiblemente en privado.

B Siempre devuelvo la moneda cuando tengo la ocasión.

C No hago nada. Le ignoro.

D No sé lo que haría. No he tenido nunca discrepancias con nadie.

Escriba aquí su respuesta:

PREGUNTA N.° 51
ANTIPATÍA

No todo el mundo le resulta simpático. ¿Ha pensado en algún momento: «No debería tener en cuenta ese sentimiento»?

A Sí.

B No.

Escriba aquí su respuesta:

PREGUNTA N.° 52
¿SENTIDO CRÍTICO?

Normalmente se dice que las mujeres son más críticas entre ellas que los hombres entre ellos. ¿Qué comentario le inspira esta constatación?

A Es una gran suerte, porque las críticas de mis amigas me hacen progresar más rápido.

B Es falso. Los hombres son muy críticos entre ellos. Su hipocresía no tiene límites.

C Los celos convierten a ciertas «amigas» en personas muy mordaces. Yo no las escucho y prefiero evitarlas.

Escriba aquí su respuesta:

PREGUNTA N.° 53
¿INTENCIÓN DE PERJUDICAR?

¿Qué es para usted más importante: los actos realizados así como su conformidad —o no— con las leyes y reglamentos en vigor, o la intención con la cual el individuo ha actuado?

A Para mí, lo más importante es saber si la ley y sus reglamentos han sido respetados o no. Eso no excluye, por otro lado, el apreciar las motivaciones.

B Para mí, lo más importante es conocer la intención con la que el individuo ha actuado. Eso no excluye apreciar el carácter legal o ilegal de los hechos materialmente probados.

Escriba aquí su respuesta:

PREGUNTA N.º 54
LA AGRESIVIDAD

¿Está de acuerdo, o no, con la siguiente afirmación: «Me sorprende ver personas que me evitan o me tratan de un modo algo agresivo»?

A Estoy de acuerdo.

B No estoy de acuerdo.

Escriba aquí su respuesta:

PREGUNTA N.º 55
LA AGRESIVIDAD (II)

De cara a la agresividad y a la maldad, algunos actúan gritando y expresando su cólera mientras que otros preparan fríamente su venganza. ¿Usted qué hace?

A Expreso mi cólera gritando.

B Preparo mi venganza en silencio.

Escriba aquí su respuesta:

PREGUNTA N.º 56
¿REALMENTE SUMISA?

Conteste sincera y honestamente, ¿cómo le ven los demás?

A Más autoritaria que sumisa.

B Más sumisa que autoritaria.

Escriba aquí su respuesta:

PREGUNTA N.° 57
LA SOLEDAD

¿Soporta la soledad en casa, en el trabajo, de vacaciones, aquí, allá, ahora y en otros momentos de su vida?

A La soporto, pero no me aporta ningún placer.

B Nunca he soportado estar sola. No he cambiado.

C La soledad permite reflexionar más profundamente. ¡Qué lujo!

Escriba aquí su respuesta:

PREGUNTA N.° 58
USTED Y LOS DEMÁS

¿Está de acuerdo —o no— con la afirmación según la cual aprendemos más en contacto con otra gente?

A Estoy de acuerdo.

B No estoy de acuerdo.

Escriba aquí su respuesta:

PREGUNTA N.° 59
¿AUTOSUGESTIÓN?

¿Suele aferrarse a una idea porque le proporciona coraje y ayuda?

A Sí.

B No.

Escriba aquí su respuesta:

PREGUNTA N.° 60
SU SENTIDO CRÍTICO

¿Son sus críticas consideradas acerbas e injustificadas por las personas a las que iban dirigidas?

A Sí, evidentemente, pero es inevitable.

B Quizá, sí, pero es bastante raro.

C Nunca, porque yo no critico.

Escriba aquí su respuesta:

PREGUNTA N.° 61
USTED Y LA VIDA

¿Cuál de estas dos afirmaciones es la que más se acerca a su modo de pensar?

A La vida es un recorrido difícil. No todos los días son una escapada de placer.

B Controlar la vida propia es formidable. No hay aventura más exultante. Yo me empleo en ello con energía.

Escriba aquí su respuesta:

PREGUNTA N.° 62
CUESTIÓN DE SENTIDO

Entre las cuatro frases propuestas a continuación, ¿cuál tiene un sentido más próximo a esta afirmación de Lao Tse: «Aquel que destaca no discute, domina su ciencia y calla»?

A A los mejores, a veces, se les da mal la comunicación.

B Los mejores son a menudo aquellos que hacen menos ruido.

C Ciencia y palabrería son incompatibles.

D Aquel que sabe expresa su idea con moderación.

Escriba aquí su respuesta:

PREGUNTA N.º 63
PREGUNTA FÁCIL

¿Le gusta seducir?

A Sí, además es útil en la vida.

B Sí, por la calidad de mi trabajo.

C No especialmente.

Escriba aquí su respuesta:

PREGUNTA N.º 64
LA CONTRARIEDAD

Sincera, honesta y objetivamente, ¿es usted realmente capaz de hacer abstracción de una contrariedad en el momento de un encuentro o de una reflexión?

A Sí.

B No.

Escriba aquí su respuesta:

PREGUNTA N.º 65
A PIE

Cuando es usted un peatón, ¿respeta escrupulosamente la señalización luminosa?

A Sí, siempre.

B Sí, generalmente.

C No.

Escriba aquí su respuesta:

PREGUNTA N.° 66
LAS FORMAS

Los regímenes para adelgazar o para estar en forma pululan en periódicos y revistas. ¿Usted, qué practica?

[A] No me conformo con esas lecturas y pido opinión a mis compañeras para saber qué es lo que realmente funciona. Me adapto en función de mi humor, de las circunstancias y de los nuevos productos.

[B] Yo me he cuidado bien y ahora sé cuál es el modo de vida que me permite estar más en forma. Me ataño obstinadamente a esas reglas simples, siete días a la semana. Por eso suelo estar en forma.

[C] Nada.

Escriba aquí su respuesta:

PREGUNTA N.° 67
¿Y SU OPINIÓN?

Entre nosotros, ¿en el terreno profesional, se hace mucho de rogar para dar su opinión?

[A] No, porque no puedo negar mi ayuda; aunque no me precipito a la hora de hablar. Por el contrario, cuando tengo una buena idea, la ofrezco en seguida. No es necesario que una buena idea se pierda.

[B] Estoy muy bien informada de todo lo que pasa o se prepara. Mis opiniones están juiciosamente iluminadas y maduradas.

[C] Doy una opinión porque es mi trabajo hacerlo. Pero me niego a interferir en el trabajo de los demás.

[D] Aplico las normas al pie de la letra. No soy pretenciosa. Llevo a cabo mi trabajo como conviene.

Escriba aquí su respuesta:

PREGUNTA N.° 68
SU DESCANSO

¿Le gusta echar la siesta?

A Sí, me gusta.

B No, es una pérdida de tiempo.

Escriba aquí su respuesta:

PREGUNTA N.° 69
LA ESTUPIDEZ

¿Con cuál de estas dos afirmaciones se identifica más fácilmente?

A A veces tengo que controlarme para no decir o hacer notar el desprecio que me inspiran ciertos comportamientos.

B La gente hace lo que quiere. Eso me resulta totalmente indiferente. Es su problema.

Escriba aquí su respuesta:

PREGUNTA N.° 70
HACER CARRERA PROFESIONAL

En su opinión, ¿de qué criterios deben depender las promociones en la vida laboral?

A De la antigüedad y los conocimientos.

B De los resultados profesionales.

C De los diplomas.

D De los resultados personales (objetivos conseguidos) y de la aptitud para el puesto a conseguir.

E Del buen trato con la jerarquía.

F De la antigüedad y del espíritu de camaradería.

Escriba aquí su respuesta:

PREGUNTA N.° 71
DUEÑA DE SÍ MISMA

¿Qué significa para usted saber dominar sus emociones?

A Obligarse a respetar las leyes, los usos y las costumbres.

B Forzarse a actuar conforme al propio ideal personal.

C Contenerse los gritos.

D Impedirse hacer gestos inútiles.

Escriba aquí su respuesta:

PREGUNTA N.° 72
SU ESTIMA

¿En general, la opinión que tiene de sí misma es muy o más bien positiva, o muy o más bien negativa?

A Muy positiva.

B Más bien positiva.

C Mitigada.

D Más bien negativa.

E Negativa.

F Muy negativa.

Escriba aquí su respuesta:

PREGUNTA N.° 73
¿VERDADERAMENTE DECIDIDA?

Objetivamente, ¿cómo le ven los demás?

[A] Quizás indecisa.

[B] Más bien decidida.

[C] Ni una cosa ni la otra.

[D] Depende del día.

[E] Depende de mi apariencia.

[F] Depende de mi humor.

Escriba aquí su respuesta:

PREGUNTA N.° 74
LA DISCORDIA

Está en casa de unos amigos merendando con ellos. Esta pareja amiga le hace partícipe de una discusión y le pide que la arbitre. ¿Qué hace?

[A] Me niego y les ofrezco ir al cine.

[B] Escucho con atención las quejas de cada uno de ellos a fin de no equivocarme en la partición de las responsabilidades.

[C] Les propongo hablar por separado más tarde y, para ese preciso momento, cambio de tema.

[D] Propongo que uno de ellos vaya a una habitación, mientras el otro se queda en el salón. Yo iré del uno al otro hasta que todo quede aclarado.

[E] Les invito a salir en seguida, cada uno por su lado, ella con una buena amiga, y él con un buen amigo. Cuando ellos vuelvan, los platos estarán limpios y el apartamento arreglado. Y yo me habré eclipsado.

[F] Les doy todas las direcciones útiles: ujier, urgencias psiquiátricas, policía, enfermería, abogado. Pongo el papel sobre la mesa. Sin esperar, salgo y voy a dar una vuelta para cambiar de aires.

Escriba aquí su respuesta:

PREGUNTA N.º 75
REFLEXIÓN USUAL

¿Le pasa, de vez en cuando, que se hace esta reflexión: «No debería tener estos sentimientos»?

A Sí.

B No.

C No lo sé.

D No me acuerdo.

Escriba aquí su respuesta:

PREGUNTA N.º 76
EN COCHE

Está sentada en el asiento del acompañante en un coche. La ruta de montaña es sinuosa y estrecha. El asfalto está degradado en algunos sitios. Las sacudidas son bastante numerosas. ¿Cuál es su comportamiento?

A Escruto la carretera muy atentamente y me dedico a decirle al conductor todos los peligros que veo.

B Por lo menos puedo mirar el paisaje. Intento aprovecharlo al máximo.

C Me preocupo por ir bien sujeta. Comparto la ansiedad del conductor en silencio.

D Me arrellano en el asiento e intento memorizar las características del paisaje. Lo explicaré en la próxima parada.

E Pido al conductor que pare.

F Nunca voy en coche.

Escriba aquí su respuesta:

LAS BROMAS

Sinceramente, ¿le gusta bromear?

A Mis amigos se divierten con mis juegos de palabras.

B A menudo tengo la fórmula que da en el blanco.

C Conozco algunas buenas historias.

D No, no sé contar chistes ni historias.

E Más bien soy de esas que anima a los demás.

F Evito contar chistes o historias porque temo herir a alguien.

Escriba aquí su respuesta:

PREGUNTA N.° 78

EL JUICIO DE LOS DEMÁS

En el ámbito profesional, ¿sobre qué prefiere usted ser juzgada?

A Sobre mis resultados.

B Sobre la calidad de la relación con mis colegas.

Escriba aquí su respuesta:

PREGUNTA N.° 79

LA PALABRA

Cuando toma la palabra delante de un grupo, ¿sabe siempre exactamente el o los punto(s) que va a desarrollar y cómo va a concluir?

A Sí, siempre. He reflexionado sobre ello antes de tomar la palabra. Un discurso construido es más eficaz.

B Sé lo que tengo que decir, pero nada me hará perder mi franqueza y mi espontaneidad.

C Nunca hablo.

Escriba aquí su respuesta:

PREGUNTA N.º 80
URGENCIA

Surge un acontecimiento imprevisto. El grupo del que forma parte está desamparado.

A Hago, con calma, lo que hay que hacer. Aseguro la seguridad. Alerto a los servicios de socorro. Reparto las tareas a realizar.

B Espero a que el jefe me diga lo que quiere que haga.

C Me pongo a salvo e invito a los demás a imitarme.

Escriba aquí su respuesta:

PREGUNTA N.º 81
LA AMISTAD

¿La amistad juega un papel preponderante en su vida?

A Sí, tengo una amiga que me aconseja y me guía en todo. Es una formidable hermana mayor.

B Un papel importante, sí. Tengo muchas amigas con las que puedo contar en caso de algún problema.

C La amistad es importante, pero yo nací sola y moriré sola. Entre tú y yo, cada uno tiene su propia vida.

D Sí, tengo tantos amigos y amigas que no puedo contarlos.

Escriba aquí su respuesta:

PREGUNTA N.° 82
EXCURSIÓN

¿Hace footing muy a menudo? (No tenga en cuenta más que la marcha efectuada a paso constante durante un tiempo nunca inferior a treinta minutos sin parar).

A Sí, por lo menos cuatro horas a la semana.

B Sí, pero menos horas.

C Sí, pero no sistemáticamente.

D No.

Escriba aquí su respuesta:

PREGUNTA N.° 83
SERVIR

¿Le gusta ofrecer sus servicios a los demás?

A *Gustar* no es el término correcto. Decir que lo hago voluntariamente es más exacto. La vida es más agradable cuando se puede contar con los vecinos.

B Lo he hecho a menudo pero los demás abusan. Ahora concentro mis esfuerzos en los verdaderos amigos.

C Si, me gusta. Es muy agradable agradar a los demás.

D Francamente, no es mi estilo meter mi nariz en casa de los demás.

Escriba aquí su respuesta:

PREGUNTA N.º 84
SENTIMENTALISMO

Para usted, ¿ser sentimental es una bobería o poesía?

A Bobería.

B Poesía.

C No lo sé.

Escriba aquí su respuesta:

PREGUNTA N.º 85
LA LECTURA

Hay quienes se sumergen en un libro sea cual sea el ambiente y hay quienes el movimiento de los vecinos impide concentrarse o, al menos, les molesta. ¿Y a usted?

A Puedo leer perfectamente en un lugar público.

B No leo muy bien si hay ruido a mi alrededor.

C Creo que depende del día.

Escriba aquí su respuesta:

PREGUNTA N.° 86
¡SU COMENTARIO!

¿Qué le inspira la cita de madame de Maintenon: «Hay que utilizar a los demás según sus talentos y tener en cuenta que no hay nadie perfecto»?

A Utilizar es un término chocante.

B No hay que pedir lo imposible bajo el pretexto de la amistad.

C En la sociedad, están los explotadores y los demás. Es así.

D Nadie tiene todos los talentos. Cada uno tiene algún talento.

E Los demás están hechos para servir.

F Madame de Maintenon se creía una mecenas.

Escriba aquí su respuesta:

PREGUNTA N.° 87
CUESTIÓN DE VECINDAD

Objetivamente, ¿es usted de esas mujeres que intiman fácil y rápidamente con todos los vecinos?

A Simpatizamos siempre muy rápido.

B Yo hablo como todo el mundo.

C Soy servicial.

D Siempre les saludo educadamente.

E No me intereso por ellos.

F No veo que ellos se interesen por mi.

Escriba aquí su respuesta:

PREGUNTA N.° 88
CUESTIÓN DE VALOR

En el curso de una entrevista de trabajo, es muy frecuente que el entrevistador pregunte: «¿Conoce su valor profesional?». Según usted y fuera de ese contexto, ¿qué respondería?

A Tengo éxito. Los demás me critican. Es normal.

B Sí, conozco mi valor. Mis diplomas hablan de mí.

C Mis resultados me clasifican entre los mejores de todo el mundo.

D Yo sí conozco mi valor. Los demás lo ignoran.

E Sí. Además he hecho un balance de competencias para afinar mi análisis.

F Conozco mi índice.

Escriba aquí su respuesta:

PREGUNTA N.° 89
SUS VACACIONES

De vacaciones en el extranjero, ¿a qué dedica más tiempo?

A Al descanso (playa, siesta, tumbona, ocio...).

B Al descubrimiento (museos, lugares, pueblos, tradiciones...).

C Al esparcimiento (discotecas, restaurantes, bares...).

D Al trabajo que me he llevado.

Escriba aquí su respuesta:

PREGUNTA N.° 90
¿Y LA CRÍTICA?

Sinceramente, ¿qué piensa de las personas que critican mucho a los demás?

A Las evito. Esas personas me hacen daño y no soy masoquista.

B Las pongo en su sitio. Con ellas, hay que «ladrar» más fuerte y más rápido, siempre que se puede.

C Esas personas no están bien dentro de su propia piel. Los éxitos de los demás les alteran. Intento manifestar comprensión.

D Me esfuerzo por entender que esas personas están amargadas. Calmo sus propósitos e intento hacerles reír.

E Recuerdo que la crítica es fácil.

F No pienso nada.

Escriba aquí su respuesta:

PREGUNTA N.° 91
SU IMAGEN PÚBLICA

¿Qué dicen de usted el conjunto de sus amistades, tanto femeninas como masculinas, tomadas globalmente? (¡Más allá de las delicadezas aduladoras que dicen en su presencia, evidentemente!).

A Aprecian mi modo de organizar encuentros y actividades comunes.

B Creo que aprecian mi modestia. ¡No les hago sombra!

C Ignoro lo que dicen, tanto ellos como ellas. No me fío de lo que se dice a mis espaldas.

Escriba aquí su respuesta:

PREGUNTA N.º 92
¿DE ACUERDO O NO?

¿Está de acuerdo, o no, con la sentencia de Theognis de Mégare: «El juicio es de lo mejor que hay en el hombre y la falta de juicio es de lo peor»?

A Estoy de acuerdo.

B No estoy de acuerdo.

Escriba aquí su respuesta:

PREGUNTA N.º 93
PERMISO PARA LLORAR

Generalmente se dice que los hombres no pueden llorar en público, mientras que las mujeres están autorizadas a expresarse así. ¿Qué piensa de esta regla?

A Está caducada. Un hombre que llora, está bien. Por otro lado, ellos lloran de un modo diferente al nuestro.

B Es verdad. Inconscientemente espero de un hombre que sea más sólido, que controle la expresión de sus emociones.

Escriba aquí su respuesta:

PREGUNTA N.º 94
LA CONVERSACIÓN

¿A cuál de estas dos afirmaciones se siente más próxima?

A Todos los temas pueden ser abordados libremente en mi presencia.

B Creo que hay temas que sólo hay que hablar en la más estricta intimidad.

Escriba aquí su respuesta:

PREGUNTA N.° 95
LA CONVERSACIÓN (II)

¿A cuál de estas dos afirmaciones se siente más próxima?

A Cuando se me pregunta por algo que alude directamente a mi intimidad, la esquivo educadamente.

B Respondo a todas las preguntas que se me plantean.

Escriba aquí su respuesta:

PREGUNTA N.° 96
SU APETENCIA

En los últimos tres años, ¿ha consultado a un médico a causa de fatiga o falta de apetito?

A Sí.

B No.

Escriba aquí su respuesta:

PREGUNTA N.° 97
SU ALIMENTACIÓN

En los últimos tres años, ¿ha consultado a un médico a causa de bulimia (incapacidad de abstenerte de picar entre comidas, ausencia de comidas tomadas a horas fijas)?

A Sí.

B No.

Escriba aquí su respuesta:

PREGUNTA N.° 98
SU SALUD

En los últimos tres años, ¿su médico le ha puesto en guardia y le ha pro-puesto un régimen (por exceso de peso, colesterol, azúcar o cualquier otra causa)?

A Sí.

B No.

Escriba aquí su respuesta:

PREGUNTA N.° 99
EL TABACO

Entre las opciones que le proponemos, ¿cuál es su situación real?

A Soy fumadora.

B He fumado. Lo dejé completamente. No he tocado el tabaco ni una sola vez, ni siquiera un poco, desde hace al menos tres años.

C Me esfuerzo en dejar de fumar.

D Dejé de fumar hace menos de tres años.

E Nunca he fumado.

F Acepté un cigarrillo, un día, por probar. Jamás he vuelto a tocar el ta-baco.

Escriba aquí su respuesta:

PREGUNTA N.° 100
EL ALCOHOL

Entre las siguientes propuestas, ¿qué sincera afirmación puede ser suya?

A Nunca he bebido alcohol.

B Bebo, como máximo, una botella de vino o de cerveza y una copa de licor a la semana.

C Bebo, como máximo, tres botellas de vino o de cerveza y una copa de licor a la semana. (Nunca más de media botella en cada comida/cena).

D Bebo alcohol cuando como.

E Soy alcohólica.

Escriba aquí su respuesta:

PREGUNTA N.° 101
LAS DROGAS

Entre las propuestas que le proponemos, ¿cuál es la suya?

A Soy consumidora de las llamadas drogas «blandas».

B Soy consumidora de las llamadas drogas «duras».

C Nunca he consumido drogas, ni siquiera un poco.

D He consumido drogas alguna vez.

Escriba aquí su respuesta:

PREGUNTA N.° 102
SU ESCOLARIDAD

«He tenido la suerte de tener buenos profesores que sabían interesar a sus alumnos y estimularlos eficazmente. Gracias a eso, el ambiente era bueno, a menudo jocoso. Tengo excelentes recuerdos». ¿Esta frase podría ser suya?

A No, no tuve esa suerte.

B Sí, tuve esa suerte.

Escriba aquí su respuesta:

Pregunta n.° 103
Lectura y televisión

En una semana corriente, ¿consagra más tiempo a la lectura que a la radio o televisión, o a la inversa?

A En una semana, consagro más horas a la radio y televisión que a la lectura.

B En una semana, consagro más horas a la lectura que a la radio y televisión.

Escriba aquí su respuesta:

Pregunta n.° 104
Después de la acción

Después de una acción, algunos se evalúan y aprecian como si fuesen jurado y tuviesen que ponerse nota. Otros olvidan y pasan rápidamente a la acción siguiente. ¿Y usted?

A Siempre evalúo mis acciones. Particularmente, analizo mis errores para conocer las razones y hacer lo necesario para tener éxito la próxima vez.

B No, no veo necesario perder el tiempo analizando aquello que ya forma parte del pasado. Sé que la vida es corta y me lanzo.

Escriba aquí su respuesta:

Pregunta n.° 105
La cólera

Cuando siento que voy a montar en cólera...

A Lo expreso muy claramente. El otro comprende —o al menos lo oye— y eso me libera.

B Aprieto los dientes y busco la palabra correcta que destrozará a mi adversario.

Escriba aquí su respuesta:

PREGUNTA N.º 106
LA CÓLERA (II)

Cuando estoy muy encolerizada —con razón evidentemente—, para calmarme...

A. Voy a hacer una hora de deporte (o más).

B Enciendo la televisión para distraerme.

C Limpio la casa de arriba abajo, empezando por aquello que ha sido aplazado una o más veces.

D Me ofrezco algo de chocolate u otra golosina.

E Me tomo un somnífero.

F Hablo por un *chat* en internet.

Escriba aquí su respuesta:

PREGUNTA N.º 107
SU PLACER

Se da sistemática, cotidiana y voluntariamente al placer... (¡atención: una sola respuesta!)

A Comiendo o bebiendo.

B Apreciando el fruto de mi trabajo.

C Descubriendo ideas nuevas.

D Sorprendiendo jocosamente a su cónyuge.

Escriba aquí su respuesta:

78

PREGUNTA N.° 108
DESPUÉS DE LA REUNIÓN

«Esto me ha pasado más de una vez. Analizando el desarrollo de una reunión con un amigo, me ha dicho que él no había percibido los gestos de tal persona, o de las palabras de tal otra o de la retirada de un tercero». ¿Esta frase podría ser suya?

A No, nunca he vivido eso.

B Sí, y la situación me sorprendió.

Escriba aquí su respuesta:

PREGUNTA N.° 109
SU INFANCIA

«Crecí rodeada de mis padres. Hacían una pareja equilibrada. Era un hogar feliz. Tengo excelentes recuerdos». ¿Esta frase podría ser suya?

A No, no tuve esa suerte.

B Sí, tuve esa suerte.

Escriba aquí su respuesta:

PREGUNTA N.° 110
TRABAJANDO

«Cuando trabajo, me olvido de lo demás. Así, por ejemplo, no pienso en ese diente que me debería empastar; por la noche, cuando dejo de trabajar y siento el dolor del diente, es demasiado tarde para llamar al dentista». ¿Esta frase podría ser suya?

A Sí, veo las cosas así.

B No, no veo las cosas así.

Escriba aquí su respuesta:

PREGUNTA N.° 111
LA CREATIVIDAD

Seleccione la afirmación en la que se encuentre.

A De vez en cuando, es como si mi imaginación levantara el vuelo.

B No soy creativa. Tengo otras cualidades.

Escriba aquí su respuesta:

PREGUNTA N.° 112
LA ANGUSTIA

¿Le ha pasado alguna vez quedarse físicamente paralizada por la angustia, estar mentalmente oprimida por ella? ¿Cuándo?

A Hace menos de tres años.

B Hace mucho tiempo.

C Nunca.

Escriba aquí su respuesta:

PREGUNTA N.° 113
INSOMNIO

Está en la cama. No puede dormir o, después de dormir un rato, no puede volver a hacerlo. ¿Qué hace?

A Me tomo un somnífero.

B Voy a la cocina a tomarme unas natillas o cualquier otra cosa.

C Voy a mi despacho y trabajo hasta que me quedo dormida.

D Me voy a leer a un sofá hasta que me quedo dormida.

E Me quedo inmóvil y cuento ovejitas.

F Busco la causa de este insomnio y, para hacerlo, paso revista a las preocupaciones de los últimos días.

Escriba aquí su respuesta:

PREGUNTA N.° 114
INTERVENCIÓN

¿Qué piensa de las buenas amigas que actúan de la siguiente manera: «He comprendido que esto no funciona, y por eso he venido. No digo nada. Voy a decirte lo que hay que hacer. Lo sé. Voy a explicártelo?»

A Es verdaderamente muy gracioso y simpático actuar así.

B No permitiría que me despachasen así en mi casa.

Escriba aquí su respuesta:

PREGUNTA N.° 115
UNA NUEVA ORIENTACIÓN

Se ha presentado candidata a una función profesional nueva para usted y muy compleja. Sus amigas le llaman temeraria. ¿Qué decide?

A Decido lanzarme. Ellas no me detendrán. Pelearé como una leona.

B Ellas ignoran que yo he hecho un balance de competencias. Me creen inconsciente pero lo he reflexionado muy bien.

Escriba aquí su respuesta:

PREGUNTA N.° 116
SU PESO

Según su médico, está usted...

A Por encima de su peso.

B Por debajo de su peso.

C En su peso ideal.

Escriba aquí su respuesta:

PREGUNTA N.° 117
EN LA COLA

Encuentre su práctica entre las siguientes propuestas.

A Siempre respeto el orden.

B A menudo, con una sonrisa, consigo que alguien me deje pasar adelante.

C Si aquel que me precede no tiene prisa, me cuelo.

D Si creo que alguien tiene mucha prisa, propongo que sea atendida en primer lugar.

Escriba aquí su respuesta:

PREGUNTA N.° 118
SU SUEÑO

Plomo o pluma, escoja...

A Tengo el sueño muy pesado.

B Tengo el sueño muy ligero.

Escriba aquí su respuesta:

PREGUNTA N.° 119
DEPRESIÓN

Si se siente triste, sin ningún motivo, un poco melancólica, preparada para resbalar sobre una pendiente depresiva, ¿qué hace?

A Participo en actividades colectivas, ya sean festivas, deportivas o de otra índole.

B Ayudo a alguna amiga a hacer la limpieza general de primavera, a remodelar una habitación o cualquier otra chapuza.

C Me escondo para que los demás no me vean así.

D Pido al médico que me recete un estimulante.

E Pido al médico que me recete pastillas para dormir mejor.

Escriba aquí su respuesta:

LA INDECISIÓN DE LOS DEMÁS

¿Qué piensa de las personas indecisas y cómo reacciona ante su lentitud, sus retrasos o al ver sus bruscos cambios?

A Encuentro normal la reflexión. No creo que mis amigos sean más indecisos que otros.

B No es fácil estar tranquila frente a los indecisos. Con humor, si puedo, intento ayudarlos. Eso funciona bastante a menudo.

C No hago nada. Respeto a mis amigos. Espero.

Escriba aquí su respuesta:

PREGUNTA N.° 121
¿RIDÍCULO E INTELIGENTE?

¿Qué le inspira la frase de Valery Larbaud: «No encontrar nada ridículo es el signo de la inteligencia completa»?

A La inteligencia no puede estar exenta de discernimiento, pero nada me obliga a hacer publicidad de mis juicios.

B Ser inteligente es comprender.

C A menudo, la gente llama ridículo aquello que no comprende.

D He eliminado el calificativo *ridículo* de mi vocabulario. Conozco ciertas personas que aún se arrepienten de haber usado esa palabra.

Escriba aquí su respuesta:

Pregunta n.º 122
Su principal cualidad

¿Cuál es, entre las cuatro propuestas presentadas a continuación, su principal cualidad?

A Siempre cumplo mi palabra.

B Me abstengo de juzgar a los demás.

C Digo lo que pienso, en cualquier circunstancia.

D Soy muy abierta, tolerante.

Escriba aquí su respuesta:

Pregunta n.º 123
Voluntariado

¿Cuánto tiempo dedica al mes de manera voluntaria a una o diversas asociaciones caritativas?

A Más de diez horas cada mes.

B De cinco a diez horas cada mes.

C De una a cinco horas cada mes.

D Me gustaría pero no tengo tiempo.

E No tengo tiempo. Envío cheques.

Escriba aquí su respuesta:

Pregunta n.º 124
Las emociones de los demás

¿Cuál es su actitud ante las emociones de los demás?

A Soy sensible a la alegría o la pena de los demás.

B No tengo por qué inmiscuirme. Sus emociones forman parte de su vida privada.

Escriba aquí su respuesta:

PREGUNTA N.º 125
LOS RUEGOS

En el marco asociativo, o en su vida social en sentido amplio, ¿le piden mucho los demás?

A   A menudo (¿demasiadas veces?) me piden presidir o dirigir algo.

B   Me solicitan para realizar funciones operativas.

C   Me piden mucha ayuda, disponibilidad y tiempo.

D   No tengo tiempo disponible y lo lamento.

Escriba aquí su respuesta:

PREGUNTA N.º 126
LA APRECIACIÓN DE LOS DEMÁS

¿Cómo le juzgan los demás?

A   Más bien firme.

B   Más bien complaciente.

Escriba aquí su respuesta:

PREGUNTA N.º 127
SU APRECIACIÓN

Algunas personas multiplican sus exigencias hacia sí mismas de tal modo que quizá les lleva a juzgarse más duramente de lo que lo hacen los demás. ¿Y usted, cómo se trata a sí misma?

A   Los demás me critican mucho. Por eso yo me exijo algo de dulzor y de comprensión.

B   Soy muy exigente conmigo misma. Es un requisito para quien quiere triunfar en la vida.

C   Desconfío de los cumplidos que recibo. Evalúo mis acciones en función de mis objetivos o de mis exigencias.

Escriba aquí su respuesta:

Pregunta n.° 128
La justicia

¿Entre técnica y moral, donde se sitúa?

A Estimo que los juicios deberían solucionarse en función de los principios esenciales que cimientan nuestra sociedad. Estos principios figuran en nuestra constitución y en la declaración de los derechos del ser humano.

B Creo que los juicios deberían solucionarse con la aplicación de los textos legales. Es un trabajo lógico, casi matemático, sin vínculo con ninguna apreciación moral.

Escriba aquí su respuesta:

Pregunta n.° 129
Su acicalamiento

No nos vestimos sólo para nosotros mismos sino también para los demás. Cuando escoge su ropa, ¿cuál es su actitud más habitual?

A Busco ropa de buena calidad que me permita vivir mi vida sin hacerme destacar demasiado.

B Busco ropa que me valorice y con la cual me encuentre cómoda.

C Simplicidad, sobriedad, confort. Esos son mis tres criterios. Y me atengo a ellos.

Escriba aquí su respuesta:

PREGUNTA N.° 130
¿FIRMA Y CONFIRMA?

Si se le pidiese hacer de nuevo este test en un plazo breve, ¿daría las mismas respuestas?

A Sí, seguramente.

B No lo sé.

C Sí, ciertamente, palabra por palabra.

D No.

Escriba aquí su respuesta:

Ha acabado el test.

Le proponemos que pase recuento de sus respuestas. La tabla necesaria se encuentra en la página siguiente.

Tabla de comprobación para el test

Coja una hoja de papel. Con su bolígrafo, haga seis trazos para dividir la página en siete compartimentos. Identifique cada una de estas siete zonas con una de estas letras: W, T, X, Y, R, U y S. Cuando encuentre en la siguiente tabla 5W, por ejemplo, significa que tiene que sumar cinco puntos a su total en W. Si encuentra 2T, sume dos puntos a su total en T. La barra (/) significa que su respuesta no le da ningún punto. No hay puntos negativos ni se restan.

1.	a : 5W	b : /	c : 3W	d : 5W	e : 2W	f : /
2.	a : /	b : 2T	c : /	d : 2T	e : 3T	f : /
3.	a : /	b : 1X	c : 3X	d : 2X	e : 3X	
4.	a : /	b : 2Y				
5.	a : 3Y	b : 1Y	c : /			
6.	a : 3R	b : 2R	c : /	d : 3R		
7.	a : 3U	b : 1U	c : /			
8.	a : 3U	b : /				
9.	a : /	b : /	c : 3Y			
10.	a : 3S	b : /	c : /	d : 3S	e : /	
11.	a : /	b : 3X				
12.	a : 3R	b : /				
13.	a : /	b : 3Y				
14.	a : 4Y	b : 2Y	c : 2Y	d : /		
15.	a : 2R	b : 3R	c : 1R	d : 3R	e : /	f : /
16.	a : /	b : /	c : 3R			
17.	a : /	b : 1Y	c : 1Y	d : 3Y		
18.	a : /	b : 2Y	c : /	d : 4Y		
19.	a : 3Y	b : /				
20.	a : /	b : 3T				
21.	a : /	b : 1R	c : 3R			
22.	a : 2Y	b : /				
23.	a : /	b : 3X	c : 1X			
24.	a : /	b : 1Y	c : 3Y			
25.	a : 3R	b : 3R	c : 3R	d : 3R	e : 2R	f : /
26.	a : 3Y	b : 1Y	c : 4Y			

27.	a : 3T	b : /			
28.	a : 4Y	b : /	c : /	d : 2Y	
29.	a : 1Y	b : 1Y	c : 3Y		
30.	a : /	b : 3T			
31.	a : /	b : /	c : 3U		
32.	a : /	b : /	c : 3U		
33.	a : /	b : /	c : 3S		
34.	a : 3X	b : /	c : /		
35.	a : 3Y	b : /			
36.	a : 2Y	b : /			
37.	a : 3X	b : /	c : 1X	d : /	
38.	a : /	b : 3X	c : /		
39.	a : /	b : /	c : 3S		
40.	a : 1S	b : /	c : 3S		
41.	a : 3Y	b : /			
42.	a : 4Y	b : 4Y	c : 1Y	d : /	
43.	a : 3Y	b : 1Y			
44.	a : 3S	b : /			
45.	a : 5W	b : /			
46.	a : 3Y	b : /			
47.	a : /	b : 1Y	c : 3Y	d : /	
48.	a : /	b : 2Y			
49.	a : /	b : /	c : 3S		
50.	a : 3Y	b : 1Y	c : 1Y	d : /	
51.	a : 5W	b : /			
52.	a : 3T	b : /	c : /		
53.	a : /	b : 3U			
54.	a : /	b : 2Y			
55.	a : /	b : 3U			
56.	a : 3Y	b : /			
57.	a : /	b : /	c : 3S		
58.	a : 3Y	b : /			
59.	a : 3W	b : /			
60.	a : /	b : 3X	c : /		
61.	a : /	b : 3T			
62.	a : /	b : 2Y	c : /	d : 4Y	

63.	a : 1Y	b : 3Y	c : /			
64.	a : 4W	b : /				
65.	a : 2Y	b : 1Y	c : /			
66.	a : /	b : 3R	c : /			
67.	a : 4Y	b : 2Y	c : 2Y	d : /		
68.	a : 2Y	b : /				
69.	a : 4Y	b : /				
70.	a : /	b : /	c : /	d : 3Y	e : /	f : /
71.	a : /	b : 3U	c : /	d : /		
72.	a : 3T	b : 3T	c : 1T	d : /	e : /	f : /
73.	a : /	b : 3Y	c : /	d : /	e : /	f : /
74.	a : 3Y	b : /	c : 3Y	d : /	e : 1Y	f : 1Y
75.	a : 5W	b : /	c : /	d : /		
76.	a : /	b : 3W	c : /	d : 5W	e : /	f : /
77.	a : 2Y	b : /	c : 1Y	d : /	e : /	f : /
78.	a : 3Y	b : 1Y				
79.	a : 3U	b : /	c : /			
80.	a : 5W	b : /	c : 2W			
81.	a : /	b : 2R	c : 3R	d : /		
82.	a : 5W	b : 2W	c : 1W	d : /		
83.	a : 1Y	b : 3Y	c : 1Y	d : /		
84.	a : /	b : 2Y	c : /			
85.	a : 2Y	b : /	c : /			
86.	a : /	b : 3Y	c : /	d : 4Y	e : /	f : /
87.	a : /	b : 1X	c : 3X	d : 1X	e : /	f : /
88.	a : 3T	b : /	c : 3T	d : /	e : 3T	f : /
89.	a : /	b : 2Y	c : /	d : 1Y		
90.	a : /	b : /	c : 3S	d : 3S	e : 1S	f : /
91.	a : 3T	b : 2T	c : /			
92.	a : 3Y	b : /				
93.	a : /	b : 3R				
94.	a : 2Y	b : /				
95.	a : 3Y	b : 1Y				
96.	a : /	b : 3W				
97.	a : /	b : 2W				
98.	a : /	b : 2W				

99.	a : /	b : 3W	c : /	d : 1W	e : 3W	f : 3W
100.	a : 3W	b : 3W	c : 2W	d : /	e : /	
101.	a : /	b : /	c : 4W	d : /		
102.	a : /	b : 5W				
103.	a : /	b : 5W				
104.	a : 5W	b : /				
105.	a : /	b : 3W				
106.	a : 5W	b : /	c : 5W	d : /	e : /	f : /
107.	a : /	b : 3W	c : 3W	d : 3W		
108.	a : /	b : 5W				
109.	a : /	b : 5W				
110.	a : 5W	b : /				
111.	a : 5W	b : /				
112.	a : /	b : 5W	c : 3W			
113.	a : /	b : /	c : 3W	d : 3W	e : /	f : /
114.	a : /	b : 3S				
115.	a : /	b : 3R				
116.	a : /	b : /	c : 2W			
117.	a : 3Y	b : 1Y	c : /	d : 3Y		
118.	a : 3Y	b : /				
119.	a : 3W	b : 3W	c : /	d : /	e : /	
120.	a : /	b : 3U	c : /			
121.	a : 4Y	b : 2Y	c : 2Y	d : 1Y		
122.	a : 4Y	b : 2Y	c : 2Y	d : 2Y		
123.	a : 3X	b : 3X	c : 3X	d : /	e : /	
124.	a : 2Y	b : /				
125.	a : 3X	b : 3X	c : 2X	d : /		
126.	a : 3Y	b : /				
127.	a : /	b : 3U	c : 3U			
128.	a : 2Y	b : /				
129.	a : 2T	b : 3T	c : /			
130.	a : /	b : /	c : 3S	d : /		

Tabla de puntuaciones

Ya ha acabado la cuenta de sus puntos en los diferentes contadores. Ahora traslade sus totales al siguiente cuadro:

W:	.....	puntos	(máximo posible: 118)
T:	.....	puntos	(máximo posible: 30)
X:	.....	puntos	(máximo posible: 30)
Y:	.....	puntos	(máximo posible: 150)
R:	.....	puntos	(máximo posible: 30)
U:	.....	puntos	(máximo posible: 30)
S:	.....	puntos	(máximo posible: 30)

Los comentarios relativos a los diversos indicadores le esperan en el capítulo «Evaluación de su puntuación», pág. 153.

Cálculo de su coeficiente emocional

Sume los siete totales que le han salido en el cuadro superior. El total no puede ser superior a 418. Divida el resultado de esta suma entre tres. Obtendrá su coeficiente emocional.

Ejemplo: la suma de sus siete totales es de 381. Después de la división entre tres, obtiene un coeficiente emocional bastante excepcional de 127.

Test para los hombres

Si es usted una mujer,
vaya directamente a la versión femenina del test,
en la página 35.
Si no ha leído atentamente las «Instrucciones
para el test» en la página 33, léalas antes de empezar.

PREGUNTA N.° 1
LA CRÍTICA

¿Solicita usted explícitamente las críticas de los demás después de haber realizado un trabajo?

A No, nunca.

B Sí, pero no sistemáticamente.

C Sí, sistemáticamente.

Escriba aquí su respuesta:

PREGUNTA N.° 2
LECTURA Y TELEVISIÓN

Habitualmente, en una semana, ¿a qué consagra usted más tiempo: a la lectura o a la radio y televisión?

A En una semana, consagro más horas a la radio y televisión que a la lectura.

B En una semana, consagro más horas a la lectura que a la radio y televisión.

C No lo sé.

Escriba aquí su respuesta:

PREGUNTA N.º 3
ORDEN Y DESORDEN

¿Cuál es su definición personal del orden?

A Todos mis informes son etiquetados con cuidado y clasificados en un fichero. Nunca encontrarás un calcetín bajo la cama. En mi casa, todo está ordenado. Nada se tira.

B Para mí, el orden es una organización que me permite poner la mano sobre el informe necesario en menos de un minuto. Es un método que economiza energía.

C Esta pregunta me recuerda el lado malo del servicio militar con las camas al cuadrado y la inspección de los armarios. Yo amo la fantasía y la libre expresión.

Escriba aquí su respuesta:

PREGUNTA N.º 4
SU PRINCIPAL CUALIDAD

Encuéntrela entre las siguientes propuestas.

A No tengo más que una palabra y la mantengo.

B No juzgo y evito criticar.

C Soy espontáneo.

D Soy muy accesible.

Escriba aquí su respuesta:

PREGUNTA N.º 5
SERIEDAD Y HUMOR

De las siguientes propuestas, ¿cuál se adecua más a usted?

A Sólo la gente seria puede no tomarse en serio.

B Algunos hacen humor porque no saber hacer reír a los demás.

C Ni una ni otra.

Escriba aquí su respuesta:

PREGUNTA N.° 6
LAS EMOCIONES

¿Con qué afirmación se identifica?

A No soy del tipo de persona que se apiada pero tampoco soy insensible. Tanto las alegrías como las penas de los demás me afectan.

B Cada cual debe llevar su cruz y cada uno vive su vida.

Escriba aquí su respuesta:

PREGUNTA N.° 7
LA MIRADA DE LOS DEMÁS

¿Qué hace usted de las críticas que le llegan sobre su comportamiento, su manera de vestir, su lenguaje o sobre cualquier aspecto de su persona?

A Las ignoro.

B Respondo en los mismos términos.

C Escucho. No hago comentarios. Grabo y analizo.

D No lo soporto. Eso me pasa ahora.

Escriba aquí su respuesta:

PREGUNTA N.° 8
SU SALUD

En los últimos tres años, ¿ha visitado al médico por fatiga o cansancio excesivo?

A Sí.

B No.

Escriba aquí su respuesta:

PREGUNTA N.° 9
SU SALUD (II)

En los últimos tres años, ¿ha visitado al médico por problemas nerviosos o falta de apetito?

A Sí.

B No.

Escriba aquí su respuesta:

PREGUNTA N.° 10
SU SALUD (III)

En los últimos tres años, ¿su médico le ha puesto en guardia y le ha propuesto dejar de consumir tal o cual tipo de producto?

A Sí.

B No.

Escriba aquí su respuesta:

PREGUNTA N.° 11
SU SUEÑO

Seleccione la frase que describe mejor su sueño.

A No tardo mucho en dormirme y duermo como un tronco.

B Tengo un sueño muy ligero. Basta una insignificancia —o casi— para despertarme.

C Generalmente duermo mis ocho horas, o más cuando estoy cansado.

Escriba aquí su respuesta:

PREGUNTA N.° 12
LA TRAMPA

¿Puede usted afirmar honestamente y sin mentir que cuando estudiaba nunca copió de un compañero?

[A] Sí.

[B] No.

Escriba aquí su respuesta:

PREGUNTA N.° 13
LA OFICINA DECORADA

Según usted y su temperamento, ¿trabajar en compañía de otras personas es más estimulante que trabajar solo en un local?

[A] Sí, es una evidencia porque soy más de convivencia.

[B] No, sinceramente, prefiero trabajar solo.

[C] Sí, el trabajo en equipo ofrece por descontado más ventajas.

Escriba aquí su respuesta:

PREGUNTA N.° 14
SU HUMOR

Encuentre su tipo de humor entre las siguientes proposiciones.

[A] A la gente le encantan mis juegos de palabras. Tanto, que me piden que los repita.

[B] A menudo tengo la fórmula que da en el blanco.

[C] Conozco algunas buenas historias.

[D] No, no sé contar historias.

[E] Soy un buen público.

[F] No cuento historias. Demasiada gente se sorprende y todo acaba siendo un desastre.

Escriba aquí su respuesta:

PREGUNTA N.° 15
SUS REGALOS

¿Qué género de regalos ofrece usted habitualmente a sus padres, amigos o conocidos?

A Voy a una tienda de artículos de regalo o, más a menudo, les llamo indicándoles mi presupuesto máximo.

B No me arriesgo: cheque regalo, flores, chocolate belga, buenos libros...

C Busco aquello que puede gustar al beneficiario y que le traerá buenos recuerdos.

Escriba aquí su respuesta:

PREGUNTA N.° 16
PÉRDIDA DE TONO

Cuando no está usted en forma o tiene la moral baja, ¿qué hace?

A Voy a reuniones, fiestas, manifestaciones. Busco compañía para relativizar mis preocupaciones.

B Voy a ayudar a los amigos a hacer la mudanza, a montar una campaña de solidaridad o a hacer bricolaje.

C No salgo.

D Pido vitaminas al farmacéutico.

E Pido somníferos al médico.

Escriba aquí su respuesta:

100

PREGUNTA N.° 17
REFLEJO

Un pensamiento del tipo «No debería experimentar tales sentimientos», ¿le viene a la cabeza quizá espontáneamente?

A Sí.

B No.

C Eso jamás me ha venido a la mente.

D No me acuerdo de una reacción de esa naturaleza.

E No, ese tipo de idea no me es familiar.

F Sinceramente, no soy sentimental.

Escriba aquí su respuesta:

PREGUNTA N.° 18
APRENDIZAJE

¿Está de acuerdo en decir que aprendemos más en contacto con otra gente?

A Estoy de acuerdo.

B No estoy de acuerdo.

Escriba aquí su respuesta:

PREGUNTA N.° 19
LA AMABILIDAD DE LOS DEMÁS

¿Tiende usted a desconfiar de las amabilidades?

A Al menos estoy sobre aviso. Sé por experiencia que ese tipo de actitud melosa disimula intereses inconfesables.

B Abro los ojos y las orejas. Soy clarividente o me esfuerzo en serlo. Confío, en el momento oportuno.

Escriba aquí su respuesta:

Pregunta n.° 20
LA SIESTA

¿Forma usted parte de esos que aprecian una buena siesta?

A   Sí, me gusta aprovechar así algunos días de descanso.

B   No, no es algo que me guste.

Escriba aquí su respuesta:

Pregunta n.° 21
¿Y SU OPINIÓN?

Ciertos hombres se hacen de rogar para, a fin de cuentas, dar una opinión mitigada y sin garantías. Otros son más formales y se comprometen. Algunos se avanzan a la llamada y dan la opinión por la cual no han sido (aún) solicitados.

A   No digo nunca nada sin haberlo reflexionado. Por el contrario, si mi trabajo me ha llevado sobre la pista de una posible solución al problema, ofrezco espontáneamente mi idea y preciso que pertenece en adelante al grupo, que puede afinarla o rechazarla por otra mejor.

B   Como estoy muy bien informado de todo lo que pasa y se concibe entre bastidores, mis opiniones están juiciosamente iluminadas y maduradas. Raramente se me solicita en vano.

C   Cuando mi trabajo supone dar una opinión, la presento, pero nunca interferiría en el trabajo de los demás.

D   Aplico las normas al pie de la letra. No soy pretencioso. Llevo a cabo mi trabajo como conviene, en mi lugar.

E   Si dirijo, doy mi opinión, porque es el jefe quien indica la dirección a seguir. Si no soy el jefe, me quedo en mi lugar y tengo mucho cuidado en no tomar una parte de responsabilidad que no me pertoca.

Escriba aquí su respuesta:

CON EL VECINDARIO

De manera general y habitual, ¿aprecia usted y busca las relaciones de vecindario?

A Sí, las aprecio y las busco.

B No provoco encuentros o reuniones yendo más allá de la cortesía y de la disponibilidad o de la asistencia. Soy muy educado y no hago nunca comentarios sobre la vida privada de las personas.

C Esas relaciones impuestas me dejan a menudo indiferente.

D Hay algunos con los que me entiendo bien, que están en su casa o en la mía cuando ellos quieren. Hay otros que no tienen los mismos valores y a los que me gustaría ver marchar.

Escriba aquí su respuesta:

PREGUNTA N.° 23
¿AUTOSUGESTIÓN?

¿Le ha pasado, aunque sólo haya sido una vez, aferrarse a una idea simplemente porque repetirla le da coraje?

A Sí.

B No.

Escriba aquí su respuesta:

PREGUNTA N.° 24

LA FRANQUEZA

¿Qué piensa usted de la afirmación según la cual la franqueza no es una cualidad muy generalizada?

A Exacto. Cuando hablo, constato frecuentemente que muchos participantes sólo parecen escuchar.

B ¡Es un arte bastante difícil.el de distinguir la educación de la falsedad! Las relaciones humanas no tienen nada de matemático.

C No estoy de acuerdo. En realidad, la gente dice lo que piensa. Son los demás los que no escuchan. Lo constato a menudo a mi alrededor. Los demás no me escuchan o muy poco o no verdaderamente.

Escriba aquí su respuesta:

PREGUNTA N.° 25

EN COCHE

Está sentado en el asiento del acompañante en un coche. La ruta de montaña es sinuosa y estrecha. El asfalto está degradado en algunos sitios. Las sacudidas son bastante numerosas. ¿Cuál es su comportamiento?

A Sé conducir. Por lo tanto, ayudo. Escruto la carretera. Señalo las dificultades. Digo cómo hay que actuar.

B Contento de poder dejarme llevar, contemplo el paisaje e intento aprovecharlo plenamente, excepto si el conductor me solicita, evidentemente.

C Tengo mucho cuidado, no digo nada, verifico discretamente mi cinturón de seguridad y comparto mentalmente la ansiedad del conductor.

D Bien acomodado en mi asiento, me concentro en el paisaje, analizándolo y comentándolo en silencio. Me esforzaré en restituirle la belleza al conductor cuando nos paremos para hacer una pausa.

E Hay momentos en los que hay que saber tomar decisiones. Apremio al conductor para que pare el coche.

F Nunca voy en coche.

Escriba aquí su respuesta:

PREGUNTA N.º 26
SU TRAYECTO

En lo que concierne a su vida, ¿se impone usted objetivos sucesivos, precisos, graduales y repletos de plazos?

A Sí. Determino objetivos anuales. Hago balance muy regularmente.

B No, querer definir objetivos demuestra utopía. Ignoro qué pasará mañana. Puede que ya esté muerto, por lo tanto...

Escriba aquí su respuesta:

PREGUNTA N.º 27
SU TRAYECTO (II)

Si se impone objetivos, ¿son a menudo logrados, desfasados o abandonados?

A Habitualmente, consigo lograr los objetivos que me he asignado.

B Yo no soy pretencioso. ¡Hago lo que puedo y, al final, mi vida no es tan desagradable!

Escriba aquí su respuesta:

PREGUNTA N.º 28
EL ESPÍRITU DE DECISIÓN

Si usted se comparara con las personas que frecuenta, ya sean de su universo profesional, social o familiar, ¿afirmaría que usted decide más rápido o menos rápido que ellos?

A Más bien menos rápidamente, porque me tomo el tiempo necesario para el análisis y la reflexión.

B Más bien más rápidamente, porque dejo de lado los detalles y accesorios inútiles para concentrarme en lo esencial, el verdadero problema y el objetivo que, en definitiva, es el criterio de selección de los posibles.

Escriba aquí su respuesta:

PREGUNTA N.° 29
EL FRACASO

Después de un fracaso, ¿qué hace?

A Analizo todos los detalles para comprender mis errores.

B Ataco sin tardanza otro objetivo.

C Comienzo de nuevo, intento hacerlo mejor y conseguirlo.

D Jamás he conocido el fracaso.

Escriba aquí su respuesta:

PREGUNTA N.° 30
EL TABACO

Entre las opciones que le proponemos, ¿cuál es su situación real?

A Soy fumador.

B He fumado. Lo dejé. No he tocado el tabaco ni una sola vez, ni siquiera un poco, desde hace al menos tres años.

C Me esfuerzo en dejar de fumar.

D Dejé de fumar hace menos de tres años.

E Nunca he fumado, por poco que fuera.

F Un día, acepté fumar un cigarrillo para probar. Después, jamás he vuelto a tocar el tabaco.

Escriba aquí su respuesta:

PREGUNTA N.° 31
EL ALCOHOL

Sea sincero, ¿qué afirmación se corresponde más con usted?

A Nunca he bebido alcohol.

B Bebo un poco, por placer; como máximo, una botella de vino o de cerveza y una copa de licor a la semana.

C Bebo, como máximo, tres botellas de vino o de cerveza y una copa de licor a la semana, pero nunca más de media botella en cada comida/cena.

D Bebo bebidas alcohólicas cuando como.

E Soy alcohólico.

F He bebido. No bebo ni una sola gota y es definitivo. Además, mi familia lo sabe y actúa en consecuencia.

Escriba aquí su respuesta:

PREGUNTA N.° 32
LAS DROGAS

Cuatro afirmaciones. ¿Cuál es la suya?

A Soy consumidor, ocasional o regular, de las llamadas drogas «blandas».

B Soy consumidor, ocasional o regular, de las llamadas drogas «duras».

C Nunca he consumido drogas.

D He consumido, una vez o más.

Escriba aquí su respuesta:

PREGUNTA N.° 33
SU PESO

Según su médico, está usted...

A Por encima de su peso.

B Por debajo de su peso.

C En su peso ideal.

Escriba aquí su respuesta:

PREGUNTA N.° 34
EL SUEÑO

Escoja entre las dos afirmaciones que le proponemos.

A Tengo un sueño de plomo.

B Tengo un sueño más bien frágil.

Escriba aquí su respuesta:

PREGUNTA N.° 35
LA SOLEDAD

Sinceramente, ¿soporta la soledad en el trabajo, en casa, de vacaciones...?

A Sí, la soporto y me tomo mi mal con paciencia.

B La soledad no está hecha para mí o yo no estoy hecho para ella. La incompatibilidad es total, irreversible.

C Sinceramente, la soledad es un lujo. Permite reflexionar más profundamente. ¡Cuando puedo permitírmelo, la aprecio!

Escriba aquí su respuesta:

PREGUNTA N.º 36
SU ACTIVIDAD FÍSICA

¿Cuánto tiempo consagra al ejercicio físico cada semana?, sin contar los periodos de vacaciones o de preparación para alguna competición.

A Más de cinco horas cada semana.

B Al menos cuatro horas cada semana.

C Al menos tres horas cada semana.

D Al menos dos horas cada semana.

E Al menos noventa minutos cada semana.

F Menos de noventa minutos.

Escriba aquí su respuesta:

PREGUNTA N.º 37
¿MOVILIDAD, FLEXIBILIDAD Y...?

Profesionalmente, ¿aceptaría usted tener roles diversos y variados, apremiándole a cambiar a menudo de interlocutores y de lugar?

A Preferiría asumir una función bien definida por unas reglas precisas.

B Sería formidable poder trabajar así, multiplicando las reuniones. Me encantaría.

C Aceptaría voluntariamente y me apresuraría a definir un modo de organización eficaz.

Escriba aquí su respuesta:

PREGUNTA N.° 38
LA CREATIVIDAD

No todo el mundo es creativo de profesión o vocación. La imaginación no siempre acude cuando se la llama. Se hace más y más rara en el universo saturado de imágenes primarias que compone nuestra sociedad actual. ¿Cuál es su caso?

A De vez en cuando, espontáneamente o en respuesta a una solicitación, es como si mi imaginación emprendiera el vuelo.

B No soy creativo. Tengo otras cualidades.

Escriba aquí su respuesta:

PREGUNTA N.° 39
SER VISTO

¿Cómo le ven los demás?

A Más autoritario que sumiso.

B Más sumiso que autoritario.

Escriba aquí su respuesta:

PREGUNTA N.° 40
SUS AMIGOS

¿Sus amigos son fiables y sólidos, presentes tanto los malos días como los buenos?

A Sí, tengo montones de amigos, todos muy graciosos, simpáticos y siempre disponibles.

B Tengo dos amigos de este temple, que saben apoyar sin pedir y que no cesan de lanzarme a la excelencia.

C Ellos están especialmente demasiado ocupados, por eso busco adquirir más.

D Honestamente y objetivamente, no tengo amigos, pero sí amistades, como todo el mundo.

Escriba aquí su respuesta:

PREGUNTA N.° 41
UNA VERDADERA AVERÍA

Ella es su invitada y están cenando solos cuando la luz se apaga brusca-mente. ¿Qué es lo primero que hace, espontáneamente?

A Decir una gran palabrota.

B Digo: «No te muevas, voy a arreglarlo» y aprovecho para abrazarla por sorpresa.

C Digo: «No es grave. Voy a solucionarlo. Déjame hacer. Quédate sen-tada. No conoces bien la casa y te arriesgas a golpearte contra un mueble».

Escriba aquí su respuesta:

PREGUNTA N.° 42
SU VIGOR

Para algunos, tener vigor parece una evidencia o una constante en sus vidas. ¡En todo caso, de eso hacen alarde en sociedad! ¿Y usted?

A Encuentro en mí la fuerza y la energía que necesito para enfrentarme a la vida.

B Encontrar la fuerza en uno mismo no es una ocupación nimia. ¡Es más bien difícil ciertos días!

Escriba aquí su respuesta:

PREGUNTA N.° 43
¿GRACIOSO?

De estas afirmaciones, ¿cuál es la más representativa para usted?

A En verdad, por ahora soy un personaje sagrado.

B Soy normal, como los demás, ni más, ni menos.

Escriba aquí su respuesta:

Pregunta n.° 44
¿Quizás envidioso, alguna vez?

Los logros y otras buenas fortunas suscitan la admiración, aunque más a menudo la envidia. ¿No dormita en cada uno una pequeña tendencia a ser celoso?

A Pues sí, seguramente, y yo soy como todo el mundo.

B Objetivamente, reconozco que la envidia quizás perturba mi raciocinio, pero soy consciente de ello y, por lo tanto, mis decisiones no se ven afectadas.

C Honestamente, no soy ni celoso ni envidioso. Además, no conozco esos sentimientos que me son extraños.

Escriba aquí su respuesta:

Pregunta n.° 45
Su opinión

Según usted, entre las cuatro proposiciones que le proponemos, ¿cuál tiene un sentido más próximo a la cita de André Gide: «Los buenos trabajadores tienen siempre la sensación de que podrían trabajar más»?

A Los buenos trabajadores trabajan más que los demás.

B Los malos trabajadores son más felices que los buenos.

C El sentimiento del deber cumplido es raro entre los trabajadores.

D Los buenos trabajadores son tan concienzudos que dudan de no haber hecho suficiente.

Escriba aquí su respuesta:

PREGUNTA N.° 46
¿SIMPLE METEOROLOGÍA?

Cuando compra usted, ¿cómo se desarrolla la conversación?

A Bastante a menudo, lanzo una gracia a la que él responde. Si nadie le interrumpe, me hace confidencias sobre su trabajo, su vida...

B De hecho, depende, según me reciba sonriendo o mascullando.

C Mi atención se centra primero en la calidad de los productos y servicios prestados. ¡Es eso lo que voy a comprar!

D ¿Has visto a algún vendedor hacer otra cosa que renegar, vituperar el frío del invierno y el calor del verano?

Escriba aquí su respuesta:

PREGUNTA N.° 47
LA AUTORIDAD

Según usted, ¿qué es la autoridad natural?

A Es la autoridad conferida por una posición jerárquica.

B Es la autoridad concedida por un grupo.

Escriba aquí su respuesta:

PREGUNTA N.° 48
¿SENTIMIENTO DE CULPABILIDAD?

¿Sus amigos le han dicho, directa o indirectamente, que usted culpabiliza demasiado rápido y, además, por naderías?

A Nunca o, por lo menos, no me acuerdo. Podrían haberlo hecho, sin embargo, porque eso me pasa. Es cierto que guardo mis quejas para mí.

B Nunca culpabilizo a nadie.

C Me lo han dicho. Provenía de un buen sentimiento. Él quería tranquilizarme y reconfortarme.

D Me lo han dicho. No me gustó. Se lo dije con bastante aspereza.

E Me lo han dicho. No me gustó esa intromisión, pero preferí esperar algún tiempo para reaccionar.

Escriba aquí su respuesta:

PREGUNTA N.° 49
GRATIFICACIÓN

¿Piensa usted que en la sociedad en la que vivimos las buenas intenciones son recompensadas?

A Apenas lo son.

B Las buenas intenciones no son visibles, por lo tanto...

C Generalmente, lo son. Estoy seguro.

Escriba aquí su respuesta:

114

PREGUNTA N.° 50
PODER MANDAR

Según su opinión y en función de su experiencia, para mandar bien a los hombres, ¿qué es lo más importante?

A Tener más diplomas, que es lo que enmarcamos.

B Ser el mayor.

C Saber organizar y motivar.

Escriba aquí su respuesta:

PREGUNTA N.° 51
LA VIDA

De las dos propuestas que le ofrecemos, ¿cuál es la más representativa de su actitud natural y habitual?

A La vida la recorro. La inhalo por todos los poros de mi piel. La vida al 100 % (y más, si puedo).

B La vida no es divertida todos los días. Yo sigo mi camino. Hago lo que puedo. Cuando la vida brilla, yo intento aprovechar el sol.

Escriba aquí su respuesta:

PREGUNTA N.° 52
SU MOTIVACIÓN

Con sus necesidades laborales cubiertas, ¿qué le motiva más?

A El dinero.

B El orgullo del trabajo bien hecho.

C Nada.

Escriba aquí su respuesta:

Pregunta n.° 53
Hipótesis improbable

Un individuo acaba de explicarle que sus relaciones tienen, de un modo general, muy mala opinión de usted. Su valor personal es, para ellos, próximo a la nada. ¿Cómo reacciona?

A Sé que lo que me han contado es falso y no tiene ningún fundamento. Propongo a este triste señor que vuelva a su trabajo y le aconsejo una mayor prudencia para el futuro.

B Me sorprendo mucho pero, hoy en día, hay que esperarse lo peor permanentemente. Pido detalles sobre lo que se ha dicho, sobre quién y en presencia de quién, dónde o cuándo...

C No me gusta. No me apetece discutir sobre chismes. Por lo tanto, sin elevar la voz, explico mi sorpresa y pregunto por qué personas que no me deben nada continúan frecuentándome si verdaderamente tienen una opinión tan pobre acerca de mí. Sin esperar respuesta, pongo fin al encuentro.

Escriba aquí su respuesta:

Pregunta n.° 54
Distracción

Un dependiente se equivoca y le devuelve demasiadas monedas. ¿Cómo reacciona?

A No me doy cuenta porque nunca lo compruebo.

B No digo nada porque, estadísticamente, también debe equivocarse en mi contra.

C No digo nada desde que me devolvieron monedas falsas.

D Se lo digo inmediatamente.

Escriba aquí su respuesta:

¿LO UNO O LO OTRO?

Le presentamos dos afirmaciones. Seleccione aquella que sea más representativa de sus reflexiones habituales.

A Los verdaderos valores son muy ignorados en nuestros días.

B Hay a nuestro alrededor personas formidables, altruistas y fiables.

Escriba aquí su respuesta:

ABURRIMIENTO

¿Qué comentario le inspira esta cita de La Bruyère: «El aburrimiento entró en el mundo por la pereza»?

A Es exacta. Tiene razón.

B Es su opinión.

C Se equivoca al afirmar eso.

D Verdaderamente, esa frase no tiene sentido.

E Ha perdido una ocasión de callarse.

Escriba aquí su respuesta:

PREGUNTA N.° 57
SU PALABRA

¿Hace usted siempre, y sean cuales sean las circunstancias, aquello que había dicho que haría, aunque se trate de cosas sin importancia?

[A] Absolutamente, hago todo lo que puedo. Nadie está a salvo de un error, un olvido, un cambio de humor.

[B] Tal rigor me parece un poco inhumano. Es excesivo. Por lo tanto, no es para mí.

[C] Hago sistemáticamente todo lo que he anunciado. No tengo más que una palabra y la mantengo.

Escriba aquí su respuesta:

PREGUNTA N.° 58
LA LIBERTAD

A menudo, el término *libertad* es empleado de modo diferente por unos y otros. Entre estas dos definiciones, ¿cuál es su preferida?

[A] La libertad es hacer lo que uno quiera.

[B] La libertad es escoger las propias cadenas.

Escriba aquí su respuesta:

PREGUNTA N.° 59
LA CURIOSIDAD

Según usted, ¿la curiosidad es una cualidad o un defecto?

[A] Cualidad.

[B] Defecto.

[C] Lo uno o lo otro.

Escriba aquí su respuesta:

PREGUNTA N.° 60
FELICITACIONES

En los últimos doce meses, ¿un amigo le ha felicitado por su tenacidad, perseverancia o tesón? (No confundir con los adjetivos *terco, obtuso* y similares).

A No me acuerdo.

B Sin duda, sí. Quién y cuándo, lo he olvidado.

C Sí, una vez, eso me marcó.

D Sí, muchas veces. De hecho, me pasa regularmente.

Escriba aquí su respuesta:

PREGUNTA N.° 61
CONCENTRACIÓN

«Cuando trabajo, me olvido de lo demás. Así, por ejemplo, no pienso en ese diente que me debería empastar; por la noche, cuando dejo de trabajar y siento el dolor del diente, es demasiado tarde para llamar al dentista». ¿Esta frase podría ser suya?

A Sí, podría dar otros muchos ejemplos.

B No, yo no vivo así.

Escriba aquí su respuesta:

PREGUNTA N.° 62
SUS CRÍTICAS

Sincera y objetivamente, ¿es usted muy crítico?

A Ciertamente sí, solamente conmigo mismo.

B Un poco, en lo que respecta a los demás.

C Sí, muy crítico conmigo mismo, poco o casi nada para los demás.

D No, no mucho...

E No critico nunca, es mi norma.

Escriba aquí su respuesta:

PREGUNTA N.° 63
SU INFANCIA

«Crecí con mis dos padres. Hacían una pareja bastante equilibrada, creo. En todo caso guardo excelentes recuerdos de ese periodo». ¿Esta frase podría ser suya?

A No, no tuve esa suerte.

B Sí, tuve esa suerte.

Escriba aquí su respuesta:

PREGUNTA N.° 64
PUNTUALIDAD

¿Qué hace usted cuando llega tarde a una cita? (Sea cual sea la naturaleza de la cita, profesional o privada).

A Detallo lo que me ha pasado y qué me ha retrasado.

B Presento mis excusas, en cinco segundos, sin comentarios.

C No digo nada porque eso sólo sirve para perder el tiempo.

D Nunca llego tarde, o hace tanto tiempo que ya no lo recuerdo.

Escriba aquí su respuesta:

PREGUNTA N.° 65
REORGANIZACIÓN

Según usted, cuando un jefe de departamento debe reorganizar el trabajo de su unidad, ¿por dónde es preferible que empiece?

A Escuchar las quejas de los colaboradores y tomar nota de sus sugerencias.

B Hacer comprar un libro sobre la reorganización y proponer la lectura a aquellos que quieran.

Escriba aquí su respuesta:

PREGUNTA N.° 66
¿UTOPÍA?

¿Corre usted el riesgo de exponer su opinión personal en un grupo de personas a pesar de saber que la mayoría está, a priori, en contra?

A No, no estoy loco.

B Lo hago.

Escriba aquí su respuesta:

PREGUNTA N.° 67
DESPUÉS DE LA REUNIÓN

«Esto me ha pasado más de una vez. Analizando el desarrollo de una reunión con un amigo, me ha dicho que él no había percibido los gestos de tal persona, o las palabras de tal otra o la retirada de un tercero». ¿Esta frase podría ser suya?

A No, nunca he vivido eso.

B Sí, y la situación me sorprendió.

Escriba aquí su respuesta:

PREGUNTA N.º 68
LOS GRANDES PRINCIPIOS

Según su opinión, ¿un magistrado debe hacer los juicios en función del espíritu de la ley o de la letra de los textos?

A En función del espíritu de la ley (respetando los principios).

B En función de la letra de los textos (respetando las consignas escritas).

Escriba aquí su respuesta:

PREGUNTA N.º 69
SU PLACER

Se da sistemática, cotidiana y voluntariamente al placer... (¡atención: una sola respuesta!).

A Comiendo o bebiendo.

B Apreciando el fruto de mi trabajo.

C Descubriendo ideas nuevas.

D Sorprendiendo jocosamente a su cónyuge.

Escriba aquí su respuesta:

PREGUNTA N.º 70
INTUICIÓN

De estas dos actitudes, ¿cuál es la suya?

A A mí, me basta ver a alguien para sentir su estado de ánimo. Sé rápidamente lo que hay que decir, por instinto de alguna forma.

B Desconfío de las apariencias y pongo mucha atención. Escucho mucho y reflexiono antes de decir cualquier cosa.

Escriba aquí su respuesta:

PREGUNTA N.° 71
LA CÓLERA

¿Qué sucede cuando siente que va a montar en cólera?

A Lo expreso muy claramente. El otro comprende y eso me libera.

B Aprieto los dientes y busco la palabra correcta que destrozará a mi adversario.

Escriba aquí su respuesta:

PREGUNTA N.° 72
LA CÓLERA (II)

¿Qué hace usted para detenerse cuando está muy encolerizado, con razón evidentemente?

A Voy a hacer una hora de deporte (o más).

B Enciendo la televisión.

C Hago las reparaciones que me esperan un poco por toda la casa (bricolaje o limpieza general).

D Me ofrezco chocolate, una chocolatina u otra golosina.

E Me tomo un somnífero.

F Hablo por un *chat* en internet.

Escriba aquí su respuesta:

PREGUNTA N.° 73
SIMPLE CONSTATACIÓN

Con toda objetividad, ¿qué constatación es la suya?

A Los demás manifiestan regularmente su estima por mí. Su confianza es un homenaje.

B Yo sé estar en mi lugar y los demás me encuentran normal, cosa que no está mal.

Escriba aquí su respuesta:

PREGUNTA N.º 74
CONVERSACIÓN

¿Cuál es su posición?

[A] Todos los temas pueden ser abordados libremente en mi presencia.

[B] Creo que hay temas que sólo hay que hablar en la más estricta intimidad.

Escriba aquí su respuesta:

PREGUNTA N.º 75
CONVERSACIÓN (II)

¿Cuál es su posición?

[A] Cuando se me pregunta algo que alude directamente a mi intimidad, lo esquivo educadamente.

[B] Respondo a todas las preguntas que se me plantean.

Escriba aquí su respuesta:

PREGUNTA N.º 76
ASISTENCIA

En el curso de las últimas 72 horas, ¿ha ayudado usted con sus propias manos, de manera totalmente espontánea, a una o más personas?

[A] La ocasión no se ha presentado.

[B] No, no tenía tiempo.

[C] Sí, al menos una vez.

Escriba aquí su respuesta:

PREGUNTA N.° 77
URGENCIA

Surge un accidente (o un acontecimiento imprevisto). El grupo del que forma parte está desamparado.

A Hago lo que hay que hacer con calma. Aseguro la seguridad. Aviso a los servicios de socorro. Reparto las tareas a realizar.

B Espero a que el jefe me diga lo que quiere que haga.

C Me pongo a salvo e invito a los demás a imitarme.

Escriba aquí su respuesta:

PREGUNTA N.° 78
EL PRONTO

En los últimos tres meses, ¿se ha enfadado a veces demasiado rápido?

A Sí, más de cinco veces.

B Sí, tres o cuatro veces.

C Sí, una o dos veces.

D No, nunca.

Escriba aquí su respuesta:

PREGUNTA N.° 79
ARBITRAJE

Una pareja amiga se pelea. Le piden que arbitre. ¿Qué hace?

A Me niego y les ofrezco ir al cine.

B Escucho con atención las quejas de cada uno de ellos, turno por turno, con la mayor atención a fin de no equivocarme en la partición de responsabilidades.

C Digo que aceptaría verlos por separado más tarde, pero que en ese preciso momento es mejor que cambiemos de tema.

D Propongo que uno de ellos vaya a una habitación, mientras que el otro se queda en el salón. Yo iré del uno al otro hasta que todo quede aclarado.

E Les invito a salir esa misma noche, en seguida, cada uno por su lado, ella con una buena amiga, y él con un buen amigo. Cuando ellos vuelvan, a cualquier hora, los platos estarán fregados y el apartamento recogido. Y yo me habré eclipsado.

F Les doy todas las direcciones útiles: ujier, urgencias psiquiátricas, policía, enfermería, abogado. Pongo el papel sobre la mesa. Sin esperar, salgo y voy a dar una vuelta para cambiar de aires.

Escriba aquí su respuesta:

PREGUNTA N.° 80
FUERTE TENSIÓN

¿Cómo se siente o cómo se comporta en caso de extrema tensión?

A Es una constatación. Es en las situaciones más tensas —las más extremas dirían algunos— cuando soy más yo mismo.

B Cuando hay verdadero peligro, el estrés amputa los medios de cualquiera. Yo soy como todo el mundo.

C De cara al peligro, nos sentimos como cuando éramos niños y tomamos conciencia de nuestra gran debilidad y de nuestra pequeña talla.

Escriba aquí su respuesta:

PREGUNTA N.° 81
¿DOBLEGAR O ROMPER?

¿Qué le inspira la cita de Séneca: «Podemos quebrantar la terquedad, pero no doblegarla»?

A No sirve de nada discutir con ciertas personas.

B En la vida, todo es una relación de fuerzas.

C No hay testarudez sin causa.

Escriba aquí su respuesta:

PREGUNTA N.° 82
LOS DEMÁS

¿Cuál de estos dos calificativos utilizan más a menudo los demás cuando hablan de usted?

A Reflexivo.

B Espontáneo.

Escriba aquí su respuesta:

PREGUNTA N.° 83
¿BUENO PARA TODO?

¿Le gusta ayudar a su alrededor?

A *Gustar* no es la palabra. Lo hago voluntariamente. La vida es más agradable cuando se puede contar con los vecinos.

B Lo he hecho mucho para todo el mundo, pero los demás abusan demasiado. Ahora concentro mis esfuerzos en los verdaderos amigos.

C Sí, me gusta. Es muy agradable.

D Francamente, no es mi estilo meter mi nariz en casa de los demás.

Escriba aquí su respuesta:

PREGUNTA N.° 84
UNA FUERTE PROPUESTA

En un grupo, ¿sus propuestas de solución o de acción son aceptadas por la mayoría?

A Sí, aunque quizás raramente. Siento no ser más aceptado.

B Sí, al menos una vez de cada dos, generalmente sin modificaciones notables.

C No hago propuestas. Sé estar en mi lugar. ¡A cada cual su papel!

D Cuando propongo algo, automáticamente se me reprocha que siempre me opongo, nunca construyo.

E Antes, se me reprochaba que hablaba demasiado porque era espontáneo. Después, he constatado que los demás se toman su tiempo para prepararlo todo previamente. Las reuniones verdaderamente importantes están cerradas para mí.

Escriba aquí su respuesta:

PREGUNTA N.° 85
SU ROL

En una asociación o grupo, ¿cuál es generalmente su lugar?

A Más bien la dirección o la presidencia.

B Más bien el secretariado o la tesorería.

C Entre los más asiduos de los miembros.

D Entre los buenos y puntuales.

E Más bien el «bueno para todo».

F En ningún sitio.

Escriba aquí su respuesta:

Pregunta n.° 86
¿Estelar?

Ser sentimental, ¿qué es para usted?

A Bobería.

B Poesía.

C No lo sé.

Escriba aquí su respuesta:

Pregunta n.° 87
Utilizarse

Entre las siguientes afirmaciones, ¿a cuál se siente más cercano?

A Me conozco bien. Sé como reunir mis energías para ganar. Lo hago. Me organizo. Funciona.

B No soy idiota y conozco mis límites. Sé que ciertas dificultades son insuperables.

Escriba aquí su respuesta:

Pregunta n.° 88
La angustia

Quedarse físicamente paralizado por la angustia, ser su presa y sentirse maniatado por ella le sucede a mucha gente. ¿A usted ya le ha pasado? ¿Cuándo?

A Hace menos de tres años.

B Hace tres años o más.

C Nunca.

Escriba aquí su respuesta:

PREGUNTA N.° 89

EMPRENDER

Cuando usted ha decidido emprender un trabajo nuevo y un poco ambicioso, ¿los demás llegan fácilmente a disuadirle de tomar riesgos que ellos consideran desmesurados?

A Soy sensato. Escucho a mis amigos. Más vale ser prudente en la vida. Más de una vez, la puesta en guardia de un amigo me ha evitado problemas. No quiero correr riesgos.

B Yo he estudiado mi proyecto. Los demás no me conocen. Pongo en marcha mis decisiones doblando la vigilancia. Hay que actuar para triunfar.

Escriba aquí su respuesta:

PREGUNTA N.° 90

LA COLA

En una cola de espera, ¿qué hace usted?

A Siempre respeto el orden.

B A menudo, con una sonrisa, consigo que alguien me deje pasar adelante.

C Si el que me precede no tiene prisa, me cuelo.

D Si creo que alguien tiene mucha prisa, propongo que sea atendido en primer lugar.

Escriba aquí su respuesta:

PREGUNTA N.° 91
VALOR PERSONAL

¿Según los demás, profesionalmente, qué vale usted?

A Suelo ser mejor que los otros. Por otra parte, mis resultados son interesantes.

B Siempre he hecho bien mi trabajo y nadie tiene nada que reprocharme.

C Mi educación es siempre muy apreciada, creo.

Escriba aquí su respuesta:

PREGUNTA N.° 92
SU MIRADA

¿Cómo le ven los demás?

A Más bien indeciso.

B Más bien decidido.

C Ni lo uno ni lo otro.

Escriba aquí su respuesta:

PREGUNTA N.° 93
¿ELEFANTE?

Entre nosotros, ¿es usted una persona tenaz y rencorosa con memoria de elefante o más bien suele tener prontos que rápidamente se le olvidan?

A Tenaz rencoroso con memoria de elefante.

B Tengo prontos.

C Ni lo uno ni lo otro.

Escriba aquí su respuesta:

EXCURSIÓN

¿Hace footing a menudo? (Ir de tiendas o el trayecto del despacho a la cafetería no es hacer ejercicio. No tenga en cuenta más que la marcha efectuada a paso constante durante un tiempo nunca inferior a treinta minutos sin parar).

A Sí, por lo menos cuatro horas a la semana.

B Sí, por lo menos dos horas a la semana.

C ¡Sí, a veces seis horas, a veces sólo una hora, a veces menos aún... es algo irregular!

D No, no hago *footing*.

Escriba aquí su respuesta:

¿PERFECCIONISTA?

¿Es usted muy exigente consigo mismo?

A Sí, sin dudarlo, me critico interiormente. Quiero perfeccionarme y me proporciono los medios. Soy muy, muy duro conmigo mismo.

B Sí, soy muy exigente. Es evidente porque tengo amor propio, como todo el mundo. Me respeto como respeto a los demás.

C No, los demás ya son suficientemente exigentes para que yo no añada más.

D Ser perfeccionista destroza los nervios. Por lo tanto, va muy poco conmigo.

E No se puede gustar a todo el mundo...

Escriba aquí su respuesta:

PREGUNTA N.° 96
INSOMNIO

Está en la cama. No puede dormir o, después de dormir un rato, no puede volver a hacerlo. ¿Qué hace?

A Me tomo un somnífero.

B Como cualquier cosa o enciendo la televisión, radio, ordenador (internet)...

C Voy a mi despacho y trabajo hasta que me quedo dormido.

D Me voy a leer a un sofá hasta que me quedo dormido.

E Me quedo en la cama y espero que vuelva el sueño.

F Busco la causa de este insomnio. Estudio los problemas de los últimos días o analizo mis últimos sueños.

Escriba aquí su respuesta:

PREGUNTA N.° 97
ESTAFA

Alguna gente ha abusado de su confianza. Ellos han atentado contra sus intereses. ¿Qué hace usted?

A Les llamo por teléfono y les explico mi forma de pensar. Son forzados a comprenderme.

B Confío el problema a mi consejero —abogado u otro — y golpeo allí donde duele.

C No hago nada porque ya se encontrarán con su recompensa.

Escriba aquí su respuesta:

PREGUNTA N.° 98
LA PIEDAD

¿Qué frase de las que le proponemos tiene un sentido más similar a la cita de André Still: «La piedad sólo tiene una razón de ser, mirar desde arriba»?

A̲ La condescendencia es el reverso de la piedad.

B̲ Implorar piedad es colocarse bajo el ala del otro.

C̲ Miramos por encima del hombro a quien tiene piedad de sí.

D̲ La piedad es un sentimiento algunas veces tortuoso.

Escriba aquí su respuesta:

PREGUNTA N.° 99
AJEDREZ

Si el ajedrez fuese su pasión, ¿contra quién preferiría jugar?

A̲ Un ordenador.

B̲ Un hombre.

C̲ Una mujer.

D̲ Un hombre o una mujer.

E̲ Poco importa mientras yo juegue.

Escriba aquí su respuesta:

PREGUNTA N.° 100
INFLUENCIA

Objetivamente, ¿cómo le ven los demás?

A̲ Más influyente que apagado.

B̲ Más apagado que influyente.

Escriba aquí su respuesta:

METEOROLOGÍA

Cuando las nubes se revuelven en el cielo, ¿qué comenta usted con quien se encuentra?

A El tiempo no se arregla. Como de costumbre, el meteorólogo se ha vuelto a equivocar.

B ¿Has visto el azul, allá, en el fondo? Estoy seguro de que el sol está detrás y que el tiempo se va a despejar.

Escriba aquí su respuesta:

PREGUNTA N.° 102
¿DE ACUERDO O NO?

¿Está usted de acuerdo con la siguiente afirmación: «Me sorprende encontrar personas que me evitan o me tratan de un modo un poco agresivo»?

A Estoy de acuerdo.

B No estoy de acuerdo.

Escriba aquí su respuesta:

PREGUNTA N.° 103
DE CARA A LOS EXCESOS

¿Cuál es su actitud ante frases excesivas, muy agresivas o nada razonables?

A Yo «bajo al ruedo», porque no soy un hombre que se deje decir lo que sea, aunque los demás no escuchen.

B Prefiero callarme porque aquel que es excesivo es insignificante. Prefiero dejar que el globo explote solo.

C Ni lo uno ni lo otro...

Escriba aquí su respuesta:

PREGUNTA N.° 104
LARGA AMISTAD

¿Cuál de estas dos afirmaciones puede ser suya?

A Tengo la suerte de tener amistades particularmente sólidas y fieles desde hace muchos años.

B Tengo que reconocer que algunos amigos me han decepcionado algunas veces, pero han sido remplazados por otros.

C Ni lo uno ni lo otro.

Escriba aquí su respuesta:

PREGUNTA N.° 105
¿FIRME O COMPLACIENTE?

Objetivamente, ¿cómo le juzgan los demás?

A Más bien firme.

B Más bien complaciente.

Escriba aquí su respuesta:

PREGUNTA N.° 106
DESPUÉS DE LA ACCIÓN

Después de cierta actuación, sea cual sea su naturaleza o su alcance, algunos evalúan y miden aquello que consideran haber hecho bien o mal. Dicen que quieren extraer experiencia. Otros no se rezagan y siguen con su vida. ¿Y usted?

A Siempre evalúo mis acciones. En particular analizo mis errores para conocer las razones. Así puedo hacer lo necesario para actuar mejor la próxima vez.

B No, gastar tiempo analizando y torturándose por aquello que ya forma parte del pasado... ciertamente no. Como sé que la vida puede ser particularmente corta, me lanzo.

C Escuchar las críticas de los demás me es suficiente.

Escriba aquí su respuesta:

PREGUNTA N.° 107
EL RIDÍCULO

¿Qué le inspira la frase de Valery Larbaud: «No encontrar nada ridículo es el signo de la inteligencia completa»?

A La inteligencia no puede estar exenta de discernimiento, pero nada me obliga a hacer publicidad de mis juicios.

B Ser inteligente es comprender.

C A menudo, la gente llama ridículo a aquello que no comprende.

D Personalmente, yo no utilizo nunca el calificativo *ridículo*. Conozco ciertas personas que aún se arrepienten de haber usado esa palabra.

Escriba aquí su respuesta:

PREGUNTA N.° 108
SU ESCOLARIDAD

«He tenido la suerte de tener buenos profesores que sabían interesar a sus alumnos y estimularlos eficazmente. Gracias a ellos, el ambiente era bueno, a menudo jocoso. Tengo excelentes recuerdos». ¿Esta frase podría ser suya?

A No, no tuve esa suerte.

B Sí, tuve esa suerte.

Escriba aquí su respuesta:

PREGUNTA N.° 109
JUICIO

¿Está de acuerdo, o no, con la sentencia de Theognis de Mégare: «El juicio es de lo mejor que hay en el hombre y la falta de juicio es de lo peor»?

A Estoy de acuerdo.

B No estoy de acuerdo.

Escriba aquí su respuesta:

PREGUNTA N.º 110
JUICIO (II)

Si usted fuese juez, ¿condenaría al estafador que ha expoliado al demandante respetando estrictamente las leyes en vigor?

A Sí, porque él ha utilizado las leyes pero se ha alejado de su espíritu. De modo más general, voluntariamente él ha atentado contra el bien del otro.

B No, no le condenaría. Si lo que ha hecho no estaba estrictamente prohibido, estaba pues autorizado, por lo tanto era legal.

Escriba aquí su respuesta:

PREGUNTA N.º 111
EL TIEMPO DE LAS VACACIONES

De vacaciones en el extranjero, ¿a qué dedica más tiempo?

A Al descanso (playa o cualquier otra cosa).

B Al descubrimiento (visitas a lugares, museos, pueblos...).

C Al esparcimiento (discotecas, restaurantes, bares u otros).

D Al trabajo que me he llevado.

Escriba aquí su respuesta:

PREGUNTA N.º 112
LA ESTUPIDEZ

¿Es usted de esos que no soporta la estupidez?

A A veces tengo que controlarme para no decir el desprecio que me inspiran ciertos comportamientos.

B La gente hace lo que quiere. Eso me resulta indiferente.

Escriba aquí su respuesta:

PREGUNTA N.º 113
EXCELENCIA

Entre las siguientes propuestas, qué frase se aproxima a la cita de Lao Tse: «Aquel que destaca no discute, domina su ciencia y calla»?

A A los mejores a veces se les da mal la comunicación.

B Los mejores son a menudo aquellos a los que entendemos menos.

C Ciencia y palabrería son incompatibles.

D Aquel que sabe expresa su idea con moderación.

Escriba aquí su respuesta:

PREGUNTA N.º 114
A PIE

Cuando es usted peatón, ¿respeta escrupulosamente la señalización de los semáforos?

A Sí, siempre.

B Sí, generalmente.

C No.

Escriba aquí su respuesta:

PREGUNTA N.º 115
LA CONTRARIEDAD

Sinceramente, ¿es usted realmente capaz de hacer abstracción de una contrariedad, del momento de un encuentro o de una reflexión?

A Sí.

B No.

Escriba aquí su respuesta:

PREGUNTA N.º 116
PROMOCIONES

En su opinión y de un modo global, ¿de qué criterios deben depender las promociones en la vida laboral?

[A] De la antigüedad y los conocimientos.

[B] De los resultados profesionales.

[C] De los diplomas y del saber hacer.

[D] De los resultados personales (objetivos conseguidos) y de la aptitud para el puesto a conseguir.

[E] Del buen trato con la jerarquía.

[F] De la antigüedad y del espíritu de camaradería.

Escriba aquí su respuesta:

PREGUNTA N.º 117
APRECIACIÓN

En el ámbito profesional, ¿sobre cuál de estos dos criterios prefiere usted ser evaluado?

[A] Sobre mis resultados.

[B] Sobre la calidad de la relación con mis colegas.

Escriba aquí su respuesta:

PREGUNTA N.º 118
SEDUCCIÓN

¿Le gusta seducir?

[A] Sí, es muy útil en la vida.

[B] Sí, para mi trabajo.

[C] No especialmente.

Escriba aquí su respuesta:

PREGUNTA N.º 119
ANTIPATÍA

No todo el mundo nos resulta simpático. ¿Alguna vez ha pensado: «No debería tener en cuenta ese sentimiento»?

A Sí.

B No.

Escriba aquí su respuesta:

PREGUNTA N.º 120
¿UN ALTERCADO?

¿Qué hace cuando tiene una discrepancia con alguien?

A Me esfuerzo en decírselo educadamente, preferiblemente en privado.

B Siempre devuelvo la moneda, cuando tengo la ocasión.

C No hago nada. Le ignoro.

D No sé lo que haría. No he tenido nunca discrepancias con nadie.

Escriba aquí su respuesta:

PREGUNTA N.º 121
LA LECTURA

Hay quienes leen con el ruido y el bullicio de los transportes públicos. ¿Y usted?

A Puedo leer perfectamente en un lugar público.

B No leo muy bien si hay ruido a mi alrededor.

C Creo que eso depende del día.

Escriba aquí su respuesta:

PREGUNTA N.° 122
PERDIDO EN EL MUNDO ADULTO

Encuentra un niño muy pequeño perdido, solo, confuso, en la acera de una calle comercial. ¿Qué hace?

A. Le cojo de la mano y lo llevo lejos de la muchedumbre para tomar una bebida con calma.

B. Le cojo en brazos y lo llevo a la comisaría de policía más cercana.

C. Me paro, me agacho, le hablo dulcemente. Entro con él en la tienda delante de la cual estaba parado. Hago avisar a la policía y a los otros comercios de la calle. Continúo hablándole dulcemente y distrayéndole.

D. Lo cojo en brazos y le hago ir a mi casa para que se tranquilice. Luego me esfuerzo en hacerle decir su nombre y su dirección.

E. No hago nada.

F. Entro en la tienda y le digo al vendedor que haga algo. No quiero estar mezclado en una historia nada clara.

Escriba aquí su respuesta:

PREGUNTA N.° 123
LA ELECCIÓN DE LAS PALABRAS

¿Qué importancia tiene el vocabulario para usted?, ¿reflexiona usted mucho en la elección de las palabras que utiliza?

A. Estoy atento. Busco el término adecuado. Quiero ser preciso para ser comprendido. Reflexiono antes de hablar.

B. Verdaderamente, nos comunicamos más en la espontaneidad. La manera de hablar y la espontaneidad cuentan más.

Escriba aquí su respuesta:

PREGUNTA N.° 124
DE ACUERDO O NO

¿Está usted de acuerdo —o no— con la frase de Cicerón: «Cuanto más honesto es un hombre, más teme que los demás sospechen que no lo es»?

A Estoy de acuerdo.

B No estoy de acuerdo.

Escriba aquí su respuesta:

PREGUNTA N.° 125
LA OBJETIVIDAD

¿Qué es la objetividad para usted?

A Un rigor implacable que se ejerce a todos los niveles: recogida de información, estructuración de la reflexión, concepción de expedientes y avisos, redacción y difusión de los resultados. Yo personalmente me someto a esta regla.

B Una gran honestidad intelectual surgida de mucha modestia, pues sé que nunca lo sé todo sobre una cuestión.

C Una utopía si intentamos seguir la verdadera definición. En realidad, es en la opinión de la mayoría donde se ha reconocido la sabiduría.

D Personalmente prefiero abstenerme y encontrar otras palabras más concretas, más realistas, más eficaces.

Escriba aquí su respuesta:

PREGUNTA N.° 126
¿APROBACIÓN?

¿Qué le inspira la cita de Goethe: «El fin santifica los medios»?

A Desaprobación.

B Aprobación.

Escriba aquí su respuesta:

PREGUNTA N.° 127
¿LA PERFECCIÓN?

¿Qué le inspira la cita de madame de Maintenon: «Hay que utilizar a los demás según sus talentos y tener en cuenta que no hay nadie perfecto»?

A Utilizar es un propósito chocante.

B No hay que pedir lo imposible bajo el pretexto de la amistad.

C En la sociedad, están los explotadores y los demás. Es así.

D Nadie tiene todos los talentos. Cada uno tiene alguno.

E La gente está hecha para servir.

F Madame de Maintenon se creía una mecenas.

Escriba aquí su respuesta:

Pregunta n.° 128
Su modo de vestir

¿Qué piensa usted sobre ello y cómo lo hace?

A Me visto como debo vestirme, sin ostentación. Reemplazo aquello que está usado.

B Me visto a la manera clásica. Me fijo en las asociaciones de telas y colores.

C Procuro estar a la moda. Me gustaría precederla, alguna vez, si eso fuese posible.

D Procuro diferenciarme porque es precisamente para eso para lo que sirve la ropa: para atraer miradas, para ser reconocido.

E Me arreglo siempre para gastar lo menos posible. En el fondo, ¿lo esencial no es estar protegido del frío?

Escriba aquí su respuesta:

Pregunta n.° 129
Primera impresión

Se dice a menudo que la primera impresión es la buena. Vista su experiencia, ¿qué piensa sobre esto?

A Estoy bastante de acuerdo y me fío.

B Soy escéptico y reivindico el «beneficio de inventario».

Escriba aquí su respuesta:

PREGUNTA N.º 130
¿SEGURO DE USTED MISMO?

Si se le pidiese hacer de nuevo este test, ¿daría de nuevo las mismas respuestas a las mismas preguntas?

[A] Sí, de manera general.

[B] No lo sé.

[C] Ciertamente, sí.

Escriba aquí su respuesta:

Ha acabado el test.

Le proponemos que pase al recuento de sus respuestas. La tabla necesaria se encuentra en la página siguiente.

Tabla de comprobación para el test

Coja una hoja de papel. Con su bolígrafo, haga seis trazos para dividir la página en siete compartimentos. Identifique cada una de estas siete zonas con una de estas letras: W, T, X, Y, R, U y S. Cuando encuentre en la siguiente tabla 5W, por ejemplo, significa que tiene que sumar cinco puntos a su total en W. Si encuentra 2T, sume dos puntos a su total en T. La barra (/) significa que su respuesta no le proporciona ningún punto. No hay puntos negativos ni se restan.

1.	a : /	b : 1T	c : 3T			
2.	a : /	b : 5W	c : /			
3.	a : /	b : 3U	c : /			
4.	a : 4Y	b : 2Y	c : 2Y	d : 2Y		
5.	a : 3T	b : /	c : /			
6.	a : 2Y	b : /				
7.	a : 2S	b : /	c : 3S	d : /		
8.	a : /	b : 3W				
9.	a : /	b : 2W				
10.	a : /	b : 2W				
11.	a : 3R	b : /	c : /			
12.	a : 2Y	b : /				
13.	a : /	b : /	c : 3X			
14.	a : 2Y	b : /	c : 1Y	d : /	e : /	f : /
15.	a : /	b : /	c : 3X			
16.	a : 3W	b : 3W	c : /	d : /	e : /	
17.	a : 5W	b : /	c : /	d : /	e : /	f : /
18.	a : 3Y	b : /				
19.	a : /	b : 3S				
20.	a : 2Y	b : /				
21.	a : 4Y	b : 2Y	c : 2Y	d : /	e : /	
22.	a : /	b : 3X	c : /	d : /		
23.	a : 3W	b : /				
24.	a : /	b : 3S	c : /			
25.	a : /	b : 3W	c : /	d : 5W	e : /	f : /
26.	a : 3R	b : /				

27.	a : 3Y	b : /				
28.	a : /	b : 3U				
29.	a : 4Y	b : 2Y	c : 2Y	d : /		
30.	a : /	b : 3W	c : /	d : 1W	e : 3W	f : 3W
31.	a : 3W	b : 3W	c : 2W	d : /	e : /	f : 2W
32.	a : /	b : /	c : 4W	d : /		
33.	a : /	b : /	c : 2W			
34.	a : 3Y	b : /				
35.	a : /	b : /	c : 3S			
36.	a : 3R	b : 3R	c : 3R	d : 3R	e : 2R	f : /
37.	a : /	b : /	c : 3X			
38.	a : 5W	b : /				
39.	a : 3Y	b : /				
40.	a : /	b : 3R	c : /	d : /		
41.	a : /	b : 1Y	c : 3Y			
42.	a : 2Y	b : /				
43.	a : 3T	b : /				
44.	a : /	b : 3U	c : /			
45.	a : /	b : 2Y	c : /	d : 4Y		
46.	a : 3X	b : /	c : /	d : /		
47.	a : /	b : 3Y				
48.	a : 2S	b : /	c : 3S	d : /	e : /	
49.	a : /	b : /	c : 3R			
50.	a : /	b : /	c : 3Y			
51.	a : 3T	b : /				
52.	a : /	b : 2Y	c : /			
53.	a : /	b : /	c : 3S			
54.	a : /	b : 1Y	c : 1Y	d : 3Y		
55.	a : /	b : 3T				
56.	a : 3Y	b : 1Y	c : /	d : /	e : /	
57.	a : /	b : /	c : 3R			
58.	a : /	b : 3U				
59.	a : 1Y	b : 1Y	c : 3Y			
60.	a : /	b : /	c : 3S	d : 3S		
61.	a : 5W	b : /				
62.	a : 3X	b : /	c : 2X	d : /	e : /	

148

63.	a : /	b : 5W			
64.	a : /	b : 3U	c : 2U	d : /	
65.	a : 3Y	b : /			
66.	a : /	b : 3T			
67.	a : /	b : 5W			
68.	a : 3U	b : /			
69.	a : /	b : 3W	c : 3W	d : 3W	
70.	a : /	b : 3X			
71.	a : /	b : 3W			
72.	a : 5W	b : /	c : 5W	d : /	e : /	f : /
73.	a : 3T	b : /			
74.	a : 2Y	b : /			
75.	a : 3Y	b : 1Y			
76.	a : /	b : /	c : 3X		
77.	a : 5W	b : /	c : 2W		
78.	a : /	b : 1S	c : 2S	d : 3S	
79.	a : 3Y	b : /	c : 3Y	d : /	e : 1Y	f : 1Y
80.	a : 3R	b : /	c : /		
81.	a : 3Y	b : 1Y	c : 4Y		
82.	a : 3U	b : /			
83.	a : 1Y	b : 3Y	c : 1Y	d : /	
84.	a : 2T	b : 3T	c : /	d : /	e : /
85.	a : 3X	b : 1X	c : /	d : /	e : 3X	f : /
86.	a : /	b : 2Y	c : /		
87.	a : 3R	b : /			
88.	a : /	b : 5W	c : 3W		
89.	a : /	b : 3R			
90.	a : 3Y	b : 1Y	c : /	d : 3Y	
91.	a : 3T	b : /	c : /		
92.	a : /	b : 3Y	c : /		
93.	a : /	b : 3S	c : /		
94.	a : 5W	b : 2W	c : 1W	d : /	
95.	a : 3U	b : /	c : /	d : /	e : /
96.	a : /	b : /	c : 3W	d : 3W	e : /	f : /
97.	a : /	b : 3U	c : /		
98.	a : 4Y	b : /	c : /	d : 2Y	

149

99.	a : /	b : 2X	c : 2X	d : 3X	e : /
100.	a : 3Y	b : /			
101.	a : /	b : 3T			
102.	a : /	b : 2Y			
103.	a : /	b : 3R	c : /		
104.	a : 3Y	b : 1Y	c : /		
105.	a : 3Y	b : /			
106.	a : 5W	b : /	c : /		
107.	a : 4Y	b : 2Y	c : 2Y	d : 1Y	
108.	a : /	b : 5W			
109.	a : 3Y	b : /			
110.	a : 2Y	b : /			
111.	a : /	b : 2Y	c : /	d : 1Y	
112.	a : 4Y	b : /			
113.	a : /	b : 2Y	c : /	d : 4Y	
114.	a : 2Y	b : 1Y	c : /		
115.	a : 4W	b : /			
116.	a : /	b : /	c : /	d : 3Y	e : /	f : /
117.	a : 3Y	b : 1Y			
118.	a : 1Y	b : 3Y	c : /		
119.	a : 5W	b : /			
120.	a : 3Y	b : 1Y	c : 1Y	d : /	
121.	a : 2Y	b : /	c : /		
122.	a : /	b : 1Y	c : 3Y	d : /	e : /	f : /
123.	a : 3U	b : /			
124.	a : 3Y	b : /			
125.	a : 4Y	b : 4Y	c : 1Y	d : /	
126.	a : /	b : 2Y			
127.	a : /	b : 3Y	c : /	d : 4Y	e : /	f : /
128.	a : 5W	b : 5W	c : /	d : /	e : /
129.	a : /	b : 5W			
130.	a : /	b : /	c : 3S			

Tabla de puntuaciones

Ya ha finalizado el recuento de sus puntos en los diferentes contadores. Ahora traslade sus totales en el cuadro inferior:

W:	.....	puntos	(máximo posible: 118)
T:	.....	puntos	(máximo posible: 30)
X:	.....	puntos	(máximo posible: 30)
Y:	.....	puntos	(máximo posible: 150)
R:	.....	puntos	(máximo posible: 30)
U:	.....	puntos	(máximo posible: 30)
S:	.....	puntos	(máximo posible: 30)

Los comentarios relativos a los diversos indicadores le esperan en el capítulo «Evaluación de su puntuación», pág. 153.

Cálculo de su coeficiente emocional

Tome la suma de los siete totales del cuadro superior. El total no puede ser superior a 418. Divida el resultado de esta suma entre tres. Obtendrá su coeficiente emocional.

Ejemplo: la suma de sus siete totales es de 381. Después de la división entre tres, obtiene un coeficiente emocional bastante excepcional de 127.

Evaluación de su puntuación

Sobre el test

El test presentado en esta obra reposa sobre bases tan sólidas como conocidos son los componentes analizados.

Como no está destinado a convertirse en una herramienta de investigación, medida o repartición, no ha sido contrastado. Muchas personas han tenido la primicia. Estos usuarios se han encontrado con las diversas notas de evaluación.

La validez de este test se encuentra confirmada. Permite a toda persona conocerse mejor y situarse en relación a otros comportamientos.

Todo usuario que busque perfeccionamiento tiene también la posibilidad de conocer sus triunfos y de situar bien los puntos débiles sobre los que podrá centrar sus esfuerzos.

Nosotros no presentamos ninguna nota de apreciación del coeficiente emocional, porque el lector ha comprendido ya que un nivel superior a cien lo clasifica entre los mejores.

El total en «W» no da lugar a ningún comentario, porque este componente es la suma de indicios que resultan de constataciones efectuadas sobre una población seguida por psicólogos. El total en «Y» reenvía al lector directamente a los seis estadios de juicio moral definidos por el profesor Lawrence Kohlberg: la escala se ha presentado en el capítulo «De la inteligencia».

En fin, los demás totales corresponden a las notas siguientes:

— total en R: realismo;
— total en S: serenidad;
— total en T: optimismo;
— total en U: dominio;
— total en X: empatía.

Empatía

Un resultado total elevado no debe sorprenderle. Sus allegados seguramente ya le han felicitado. Usted habrá escuchado que es una persona abierta a los demás y con la que es fácil dialogar. Un total elevado da testimonio de su aptitud para comprender al otro, sentir sus emociones, deducir sus motivaciones de sus palabras y gestos más simples, usted está acostumbrado a ello y se lo reconocen.

Un resultado total bajo puede ser debido a dos comportamientos distintos. El uno está marcado por la distancia y el desapego. Los demás le reprochan una frialdad que obstaculiza todo intercambio humano. Deploran su desinterés por ellos y por aquello que les apasiona o les entristece. Sin negar sus cualidades, sus interlocutores lamentan ser apartados por una persona que ellos ven como egocéntrica o egoísta. Su falta de «calor» puede tener otras muchas razones, sobre las que usted tendría interés en trabajar. El otro comportamiento está marcado por una dependencia fuerte. Los demás le reprochan que se «pega» demasiado, que es «pegajoso» como algunos dicen familiarmente. Ellos desearían verle autónomo, independiente. No quieren hacer el rol de locomotora indefinidamente para remorcarle constantemente. Les gustaría verle tener iniciativas y avanzar sin reparar en los obstáculos. Esta actitud testimonia una ausencia de madurez afectiva. ¿Practica usted un deporte en equipo? Eso sería beneficioso. ¿Participa en asociaciones? Escoja y vuélvase activo dando mucho de sí mismo en aquello que a usted se le dé mejor.

Liderazgo

Un resultado total elevado atestigua una buena aptitud para controlar sus reacciones, acciones y gestos. Debe ser bastante exigente consigo mismo y adepto de una disciplina de vida, que ciertos juzgan de rigurosa.

Un buen resultado no está necesariamente relacionado con la aptitud de juzgar sistemáticamente su propio comportamiento, como máximo para usted mismo y a título personal. Sin embargo, usted ya debe haber comprendido que la excelencia en este dominio implica esa modestia y esa capacidad de adaptación. Usted es considerado como una persona reflexiva.

Un resultado total bajo indica una debilidad de carácter. Algunos dirían una ausencia de temperamento. ¡Perdonar todo o no tener nada que perdonar porque no vale la pena evaluar sus acciones, he aquí quien no puede llegar muy lejos en la vida! Su voluntad pide ser estimulada. Un verdadero amigo puede ayudarle estimulándole en tal o cual momento, pero ¿va a pasarse usted la vida esperándole? Fijarse objetivos progresivos le permitirá remontar la pendiente. El desorden permanente y la ausencia de organización de su empleo del tiempo son obstáculos en el camino del dominio. ¡Los remedios se imponen por ellos mismos!

Optimismo

El optimismo como higiene de vida, esa es su elección si su resultado es elevado. La aptitud de ver el lado bueno de las cosas es una de las claves del éxito y lo es en todos los tipos de empresa. Aquel al que el grupo le dejar hacer de líder es aquel que sabe mostrar la luz al final del camino y no olvida jamás valorar los triunfos de unos y otros.

Tres causas pueden explicar una nota baja. Usted quizá tiene un espíritu derrotista. Puede que sea un estado pasajero consecuencia de un accidente de la vida. En ese caso, el hecho de haber escogido este libro demuestra su voluntad de ir adelante. Todas nuestras voces de ánimo le acompañan.

Quizá se siente incapaz de emprender. ¡Eso puede tratarse! Un buen entrenamiento puede ser empezar por empresas bastante fáciles. Felicítese por cada éxito y aumente la dificultad muy, muy progresivamente. Demasiada febrilidad es la tercera causa. Párelo todo y tómese tiempo para reflexionar. Mesure toda la energía gastada en pura pérdida. Imagine los resultados que podría reportarle tal suma de energía si estuviese utilizada en el sentido correcto de la marcha. Decida ver la botella medio llena. Ello implica tomar parte deliberadamente en algo, una elección irrevocable. ¡Si la idea de no ser siempre objetivo le incomoda, diga que se trata de una elección política! El método Coué[13] (autosugestión) funciona. Aprovéchese.

Serenidad

Un resultado elevado demuestra una buena capacidad para dosificar sus humores. Mostrar su indignación sin perder el control de sus palabras y gestos revela un gran arte, y le permitirá llegar lejos. Saber ser tolerante sin ser blando y comprensivo sin ser laxo... todo eso demuestra una apti-

---

[13] GARIBAL, *Émile Coué,* Editorial de Vecchi, París.

tud muy apreciada, buscada incluso para la elección de un líder. En realidad, una actitud tal es el reflejo de una gran coherencia o armonía personal. La madurez heredada de la experiencia de la vida juega aquí un papel importante

Una gran ansiedad personal se refleja con una nota bastante baja. El hecho de dudar respecto a sus propias capacidades también conduce a un resultado poco elevado. Este indicador es muy sensible y si usted está bajo el influjo de una emoción violenta, su resultado es inferior a su media habitual. Estar atormentado le vuelve indisponible para los demás. Usted no puede escucharles de verdad, a falta de ser capaz realmente de hacer el silencio en usted mismo.

Avanzar en la vida sin programación no permite acceder a la serenidad. Ningún viento es útil a quien ignora su rumbo. Si no ha hecho balance sobre usted y su vida, este indicador seguirá bajo. Necesita definir sus objetivos para conocer aquello que será su triunfo. Mientras este trabajo no sea llevado a buen puerto, usted no podrá progresar. Regular sus propios problemas es un requisito para establecer una buena comunicación.

Realismo

Un resultado elevado demuestra un buen conocimiento de sí mismo. Es un requisito indispensable para quien quiere emplearse bien. Conocer las propias reacciones permite anticiparse. Los interlocutores le ven estable y sólido.

Usted les tranquiliza. El contexto es propicio a los intercambios, confidencias y confianza. Una fatiga intensa y justificada por una actividad desbordante puede influenciar el resultado del test, en lo que concierne a este indicador. Una nota baja demuestra muy a menudo una emotividad exacerbada o una personalidad versátil. Si usted es muy joven y por lo tanto emocionalmente inmaduro, es normal. La madurez viene con la experiencia y su decepción del instante participa en ello.

Diferenciamos entre *vivido* y *experiencia*. El primero participa de lo segundo en la medida en que los hechos han sido cuidadosamente analizados antes de desembocar en la decisión de modificaciones.

Es la reflexión personal la que le hace progresar sobre la vía del realismo. Nadie puede hacerlo por usted.

¡Un amigo puede echarle una mano ofreciéndole algunas palabras críticas, pero la eficacia del gesto reposa sobre el uso que usted haga de ellas!

Conclusión

Inteligencia social, educación del corazón, inteligencia emocional, saber vivir, las etiquetas poco importan. Todas estas denominaciones recubren un *saber amar* que, por sí solo, lo resume todo.

En un mundo perturbado, donde el frenesí pelea con la pérdida del sentido, hay palabras y frases que reaparecen a intervalos regulares: «no hay futuro», «desarticulado», «ausencia de nociones de bien y de mal», o también «¿cuánto cuesta?».

«Un hombre que conoce el precio de todo y el valor de nada», es así como Oscar Wilde definía al individuo cínico en su narración *El abanico de Lady Windermere*. ¿Cuántas personas se dejan llevar por el cinismo en el ambiente de una sociedad deletérea?

Se habla siempre de aquello que más falta hace. Por la noche, en la cena, el invitado que más habla de sus numerosos éxitos con el sexo contrario es aquel que más sufre de soledad.

A nuestra sociedad le falta corazón. Esa es la razón que desencadena las pasiones alrededor de diversos artículos consagrados a la inteligencia emocional.

Entrenarse para escuchar mejor a los demás es posible. Ser cortés no pide más que atención. Ser caballeroso necesita virtud. Su fuerza está en la medida de su voluntad.

Tal y como ha demostrado el psicólogo americano Daniel Goleman[14], usted puede llegar a ser aquello que usted quiera ser. Le deseamos que triunfe en ello.

---

[14] Ya citado anteriormente.

157